Mag. Claudia Lichtenwagner

SOURIRE 3

Französisch Übungsbuch
Teil 3

G&G

www.ggverlag.at

ISBN 978-3-7074-1312-0

In der aktuell gültigen Rechtschreibung

13. Auflage 2019

Printed by Drukarnia Interak Sp. Z o.o., Czarnków, Polen

VORWORT

SOURIRE III gibt dir einen tieferen Einblick in das Verb und seine Ergänzungen, die indirekte Rede, indirektes und direktes Objekt im Perfekt und die Übereinstimmung des Partizips Perfekt. Weiters werden wir die Relativpronomen, die Steigerung, die Stellung des Adjektivs mit Bedeutungsänderung, das Adverb und eine neue Zeit, das Imperfekt, näher beleuchten.
Wie du bereits von den Bänden **SOURIRE I** und **SOURIRE II** weißt, stehen zu Beginn eines jeden Kapitels Erklärungen und Regeln, übersichtlich in Tabellen erfasst, und im Anschluss daran jede Menge Übungsbeispiele. Die Richtigkeit deiner Arbeit kannst du mit Hilfe des Schlüssels (*clé*) am Ende des Buches überprüfen. Um dir das Verständnis zu erleichtern, erfolgt nach fast jeder Lösung noch einmal der Hinweis auf die Regel, die bei jenem Beispiel zur Anwendung kommt.
Unbekannte Vokabeln können im *Vocabulaire*-Teil nachgeschlagen werden.
Bei Hinweisen auf **SOURIRE I** und **SOURIRE II** bitte zunächst die „alten" Regeln noch einmal auffrischen, da diese als Grundlage für den nächsten Lernschritt gelten.

Weiterhin gutes Gelingen und recht viel Erfolg!

Prof. Mag. Claudia Lichtenwagner

TABLE DES MATIÈRES

page

MOURIR / VIVRE / RIRE / COURIR

mourir *(sterben)*

je	m**eurs**
tu	m**eurs**
il/elle/on	m**eurt**
nous	mourons
vous	mourez
ils/elles	m**eurent**

Meurs!
Mourons!
Mourez!

Participe passé: **mort**

vivre *(leben)*

je	**vis**
tu	**vis**
il/elle/on	**vit**
nous	viv**ons**
vous	viv**ez**
ils/elles	viv**ent**

Vis!
Vivons!
Vivez!
Vive les vacances!
Es leben die Ferien!

Participe passé: **vécu**

rire *(lachen)*

je	**ris**
tu	**ris**
il/elle/on	**rit**
nous	**rions**
vous	**riez**
ils/elles	**rient**

Ris!
Rions!
Riez!

Participe passé: **ri**

De même: *(ebenso:)*

sourire *(lächeln)*

courir *(laufen)*

je	cours
tu	cours
il/elle/on	court
nous	cour**ons**
vous	cour**ez**
ils/elles	cour**ent**

Cours!
Courons!
Courez!

Participe passé: **couru**

De même: *(ebenso:)*

parcourir *(durchlaufen)*
accourir *(herbeieilen)*

METS LES VERBES À LEUR FORME CORRECTE

1. Papa, tu me .... (prêter) 10 Euros pour aller au cinéma?
2. Elle nc m'a pas encore .... (rendre) mon argent.
3. Il .... (falloir) prendre le métro?
4. Mon Dieu, je .... (mourir) de faim.
5. Qu'est-ce qu'on .... (boire)?
6. Madame Legrand est .... (mourir) le 5 septembre.
7. Tu me .... (rendre) mon livre maintenant?
8. Le concert t'a .... (plaire)?
9. Qu'est-ce que vous .... (boire)?
10. Les jeunes gens .... (vouloir) aller au restaurant.
11. .... (boire) ton verre de limonade, Pierre!
12. Qu'est-ce que tu .... (mettre) dans ton sac à dos?
13. Elle est .... (mourir) de peur.
14. On .... (pouvoir) aller au cinéma, si vous .... (vouloir).
15. Il nous a .... (offrir) un dîner délicieux.
16. Elle est .... (devenir) une star.
17. Qu'est-ce que vous avez .... (faire) pendant les vacances?
18. Où est-ce qu'il .... (falloir) .... (descendre)?
19. Vous .... (sortir) de la station maintenant.
20. .... (choisir) votre crêpe préférée!
21. Qu'est-ce que nous .... (manger) ce soir?
22. Nous .... (vivre) en Autriche.
23. Qu'est-ce que vous .... (chercher), Monsieur?
24. Tu .... (prendre) la ligne 4.
25. Elle s'est bien .... (se débrouiller) à Vienne.
26. Nous nous sommes .... (se promener) dans le parc.
27. Ils ont .... (faire) connaissance de beaucoup de jeunes gens.
28. Tu .... (vouloir) aller à Paris avec nous?
29. Qu'est-ce qu'elle a .... (répondre)?
30. Il .... (vouloir) .... (revoir) ses amis.
31. D'où .... (venir) -ils?
32. Guylaine .... (vivre) en France.
33. .... (vivre) les vacances!
34. Où est-ce qu'il a .... (vivre)?
35. Nous .... (mourir) de soif. .... (aller) au bar!
36. L'après-midi nous .... (boire) du thé.
37. Nous sommes .... (revenir) de l'école maintenant.
38. Vous .... (savoir) faire un gâteau?

39. Je .... (devoir) .... (s'en aller) maintenant.
40. Madame Beibeo .... (vivre) en Autriche maintenant.
41. Thomas .... (courir très vite).
42. Fabienne et Marc .... (vivre) ensemble.
43. Elle a .... (vivre) à Bordeaux.
44. Le soir il a toujours .... (prendre) une tasse de thé.
45. Ne .... (boire) pas trop!
46. Madame Gilot .... (préférer) faire une balade.
47. Le film ne te .... (plaire) pas?
48. Où est-ce que j'ai .... (mettre) mon chapeau?
49. Il .... (exagérer) toujours.
50. Ne .... (se disputer) pas!
51. Nous .... (manger) à une heure.
52. Elle .... (se moquer) de nous.
53. Je lui .... (poser) une question, mais il .... (ne pas répondre).
54. Où est-ce qu'on .... (se mettre)?
55. La boum était super. On a beaucoup .... (rire).
56. Qu'est-ce que vous avez .... (choisir)?
57. .... (compléter) le formulaire!
58. Ne .... (courir) pas comme ça!
59. Elle .... (vouloir) faire une balade à vélo.
60. Le livre ne t'a pas .... (plaire)?
61. Il .... (réfléchir) sur l'emploi de l'article partitif. Ne le .... (déranger) pas!
62. Madame Pessaud .... (choisir) la robe rouge.
63. .... (faire) -nous le plaisir de venir!
64. .... (dire) la vérité!
65. N' .... (ouvrir) pas les fenêtres!
66. Alors, ... (s'en aller) et .... (fermer) la porte!
67. Comment .... (s'appeler)? – Gilot.
68. La fête .... (se terminer trop vite).
69. Elles .... (s'ennuyer) avec leur tante.
70. Je .... (se lever) à six heures du matin.
71. Je .... (s'en aller) à neuf heures.
72. Vite! Les enfants .... (mourir) de faim et de soif!
73. Elle .... (se mettre) à rire.
74. Je .... (ne pas rire), Jacqueline. C'est sérieux.
75. .... (prendre) ta voiture.
76. Elle a .... (rire) au nez de Pilou.
77. Nathalie .... (vivre) avec Jacques.
78. .... (vivre) ta vie!

LES PRÉPOSITIONS DE LIEU ET LES POINTS CARDINAUX

Voir d'abord ☺ **I** p 20.

1. **Ohne** Artikel: **en** + **weibliche** Ländernamen: *in*

en Afrique	*Afrika*	**en** Grande-Bretagne	*Großbritannien*
en Allemagne	*Deutschland*	**en** Europe	*Europa*
en Angleterre	*England*	**en** Irlande	*Irland*
en Autriche	*Österreich*	**en** Italie	*Italien*
en Belgique	*Belgien*	**en** Normandie	*Normandie*
en Bretagne	*Bretagne*	**en** Norvège	*Norwegen*
en Corse	*Korsika*	**en** Suède	*Schweden*
en Espagne	*Spanien*	**en** Suisse	*Schweiz*
en Hollande	*Holland*	**en** Turquie	*Türkei*

2. **Ohne** Artikel: **de / d'** + **weibliche** Ländernamen: *von*

de France	**d'**Afrique	Liste wie Punkt 1
de Hollande	**d'**Espagne	

3. **Mit** Artikel: **au / aux** + **männliche** Ländernamen: *in*

au Canada	*Canada*	**au** Japon	*Japan*
au Danemark	*Dänemark*	**au** Brésil	*Brasilien*
au Liban	*Libanon*	**au** Pérou	*Peru*
au Maroc	*Marokko*	**aux** États-Unis	*Vereinigte Staaten*
au Portugal	*Portugal*	**aux** Pays-Bas	*Niederlande*

Merke: **männlich** sind fast alle Länder, die **nicht** auf **-e** enden,
außer: le Mexique

Ausnahme: **en** Israël (m)
En steht vor **männlichen** Ländern im Singular,
die mit einem **Vokal** beginnen.

4. **Mit** Artikel: **du / des** + **männliche** Ländernamen: *von*

du Canada — *Liste wie Punkt 3*
des États-Unis

aber: **d'**Israël (m)

5. Mit Artikel bei **Himmelsrichtungen**:

1. Bei Ländern:

Voir la différence *(Beachte den Unterschied)*: **dans le / l' – au / à l'**:

dans le **nord**	***de la***	France	*in Nordfrankreich*
dans le **sud**	***de l'***	Autriche	*in Südösterreich*
dans l'**est**	***de l'***	Europe	*in Osteuropa*
dans l'**ouest**	***du***	Portugal	*in Westportugal*

dans le **sud-ouest**	***de l'***	Italie	*in Südwestitalien*
dans le **nord-est**	***d'un***	pays	*im Nordosten eines Landes*
dans le **nord-ouest**	***des***	États-Unis	*im Nordwesten der USA*
dans le **sud-est**	***de l'***	Angleterre	*in Südostengland*
dans le **centre**	***de l'***	Espagne	*in Zentralspanien*

du **sud** ***de la*** France au **nord** ***de la*** Normandie *von ... bis*

L'Italie est au **sud**	***de l'***	Autriche.	*südlich von Österreich*
À l'**est**	***de la***	France, il y a la Suisse.	*östlich von Frankreich*
Au **sud**	***du***	Portugal, il y a la mer.	*südlich von Portugal*
À l'**ouest**	***de l'***	Allemagne, il y a la Belgique.	*westlich von Deutschland*

2. Bei Flüssen und Bergen:

au **nord**	***de la***	Loire	*nördlich der Loire*
au **sud**	***de la***	Seine	*südlich der Seine*
au **nord**	***du***	Rhône	*nördlich der Rhône*
au **nord-ouest**	***du***	Rhin	*nord-westlich des Rheins*
au **sud**	***du***	Danube	*südlich der Donau*
au **nord**	***des***	Alpes	*nördlich der Alpen*
à l'**est**	***du***	mont Blanc	*östlich des Mont Blanc*
au **sud-ouest**	***de la***	montagne	*südwestlich des Berges*
au **sud**	***des***	Pyrénées	*südlich der Pyrenäen*

sur le versant **sud** ***de la*** montagne *am südlichen Abhang*

6. Bei **Städten *ohne*** Artikel:

Voir la différence *(Beachte den Unterschied)*: **dans le / l' – au / à l'**:

dans le sud	***de***	Vienne	*im Süden von Wien, in Wien Süd*
dans l'est	***de***	Paris	*in Paris Ost*
dans le nord	***de***	Paris	*in Paris Nord*
au sud	***de***	Vienne	*südlich von Wien*
à l'est	***de***	Paris	*östlich von Paris*
à l'ouest	***de***	Strasbourg	*westlich von Straßburg*

7. **Merke**:

vent ***d'***est *Ostwind*
vent ***d'***ouest *Westwind*

Aber: vent ***du*** nord *Nordwind*
vent ***du*** sud *Südwind*

À REMPLIR

1. Gabi Müller vient ....Vienne.
2. Aujourd'hui il fait froid à cause du vent .... nord.
3. Ahmet vient .... Maroc, mais il vit .... France maintenant.
4. Estelle veut aller .... États-Unis cet été.
5. Célia vit près de la gare du Nord, c'est .... nord .... Paris.
6. Nous avons beaucoup d'amis .... Suisse.
7. La Forêt de Senart est .... sud-est .... Paris.
8. Il a passé ses vacances .... Kiruna, c'est .... nord .... Suède.
9. Nous allons .... Villemoisson, c'est .... sud .... Paris.
10. Ils ont acheté une maison .... Baden. C'est .... sud .... Vienne.
11. Ils ont acheté une maison .... boulevard Ney.
    C'est .... nord .... Paris.
12. Il voudrait aller .... Avignon cette année.
13. Versailles se trouve .... ouest .... Paris.
14. Elle habite .... rue Mozart. C'est .... ouest .... Paris.
15. Christophe habite .... Puchenau. C'est .... nord-ouest .... Linz.
16. Sa correspondante habite .... Arles.
17. Ce tapis est fabriqué .... Maroc.
18. Pendant les vacances elle a suivi un cours .... Luton.
    C'est .... nord .... Londres.
19. La Suisse est .... ouest .... Autriche.
20. Le vent .... sud nous apporte de l'air chaud.
21. Ses parents habitent .... Toulon.
    C'est .... sud .... France.
22. Elle rend visite à ses amis .... Grande-Bretagne.
23. Le vent .... ouest a apporté de la pluie.
24. Madame Pessaud a été .... Pays-Bas.
25. C'est un fromage .... Hollande.
26. Charles veut passer ses vacances .... Irlande.
27. Il a déjà été .... Israël.
28. Vous êtes .... quai de Nice et après vous prenez la deuxième à droite.
29. Luc vient .... États-Unis.
30. Il voudrait vendre sa forêt .... nord .... Danube.
31. Madrid est .... centre .... Espagne.
32. Le temps est mauvais .... nord .... Alpes maintenant.
33. Cette confiture vient .... Angleterre.
34. Ces pull-overs sont fabriqués .... Norvège.
35. Le Maroc se trouve .... sud .... Espagne.
36. Le Portugal est .... ouest .... Espagne.

LE DISCOURS INDIRECT AU PRÉSENT

«J'ai un plan de métro.»	Il ***dit*** **qu'**il a un plan de métro.
«J'ai oublié mon sac.»	Elle ***raconte*** **qu'**elle a oublié son sac.
«J'ai écrit la lettre.»	Il nous ***informe*** **qu'**il a écrit la lettre.
«Tu ne dois pas faire ça.»	Elle ***explique*** **que** je ne dois pas faire ça.
«Il m'a écrit.»	Elle ***ajoute*** **qu'**il lui a écrit.
«On va voir un beau film.»	Elle ***dit*** **que** nous allons /**qu'**on va / **qu'**ils vont / **qu'**elles vont voir un beau film.

Que / qu' steht am Beginn der indirekten Aussage.
Die **Personalpronomen**, **Possessivbegleiter** und **Verbformen** werden meist verändert.
Bei **verschiedenen Subjekten** kann im Nebensatz nur dann ein **Pronomen** als Subjekt verwendet werden, wenn eine **Verwechslung ausgeschlossen** ist. Um **Verwechslungen zu vermeiden**, verwenden wir ein **Nomen** anstelle des Pronomen.

«Elle est jolie.»	Mme Garnier dit qu'**elle** est jolie. *(Wer oder was? – Ihre Freundin? – Ihr Haus? – Ihr Auto? – Verwechslungsgefahr!)*
daher:	Mme Garnier ***dit*** **que** sa sœur est jolie.
	Mme Garnier ***dit*** **que** sa maison est jolie.

Mögliche Einleitungen:	***ajouter*** **que**	*hinzufügen*
	annoncer **que**	*ankündigen*
	constater **que**	*feststellen*
	dire **que**	*sagen*
	écrire **que**	*schreiben*
	expliquer **que**	*erklären*
	indiquer **que**	*hinweisen*
	informer **que**	*informieren*
	penser **que**	*denken*
	proposer **que**	*vorschlagen*
	raconter **que**	*erzählen*
	rapporter **que**	*berichten*
	répondre **que**	*antworten*
	signaler **que**	*hinweisen, mitteilen*
	refuser **de**	*ablehnen (voir aussi ☺* **V** *p 22)*
	regretter **de**	*bedauern (voir aussi ☺* **V** *p 21)*

L'INTERROGATION INDIRECT AU PRÉSENT

1. Die **indirekte Fage** wird mit **si / s'**
(**s'** vor **il / ils**, nicht aber vor elle / elles) eingeleitet.

«Tu viens nous voir?»	M. Lebrun ***veut savoir*** **si** je viens les voir.
«Vous faites une promenade?»	Elle ***demande*** **si** nous faisons une promenade.
«Est-ce qu'il vient?»	Elle ***se demande*** **s'**il vient.
«Tu arrives lundi?»	Il ***cherche à savoir*** **si** elle arrive lundi.

2. Das **Fragewort** der direkten Frage wird **übernommen.**

«**Quand** est-ce qu'il part?»	Elle ***veut savoir*** **quand** il part.
«**Où** est-ce qu'elle habite?»	Il ***demande*** **où** elle habite.
«**Où** va-t-il? »	Je ***ne sais pas*** **où** il va.
«**À quelle heure** est-ce qu'il arrive?»	Elle ***demande*** **à quelle heure** il arrive.
«**Pourquoi** est-ce que tu pars?»	Il ***veut savoir*** **pourquoi** je pars.
«**Pourquoi** est-ce que tu pleures?»	Il ***ne comprend pas*** **pourquoi** tu pleures.
«Ça fait **combien**?»	Elle ***demande*** **combien** ça fait.
«**Combien de** cours as-tu pris?»	Il ***demande*** **combien de** cours j'ai pris.
«**Comment** est-ce qu'il veut faire ça?»	***Dis-moi*** **comment** il veut faire ça.
«**À qui** est-ce que tu as écrit?»	Il ***voudrait savoir*** **à qui** j'ai / tu as écrit.
«**À quoi** penses-tu?»	Il ***veut savoir*** **à quoi** je pense.
«**Quel** bus est-ce que tu prends?»	Elle ***me demande*** **quel** bus je prends.

Achtung:	aus **qu'est-ce que/qu'**	wird	**ce que/qu'**	(*4.Fall*)
	aus **que**	wird	**ce que/qu'**	(*4.Fall*)
	aus **qu'est-ce qui**	wird	**ce qui**	(*1.Fall*)

«**Qu'est-ce qu'**elle veut?»	Je ***ne comprends pas*** **ce qu'**elle veut.
«**Qu'est-ce que** c'est?»	Je ***ne sais pas*** **ce que** c'est.
«**Qu'est-ce que** tu fais ce soir?»	Elle ***me demande*** **ce que** je fais ce soir.
«**Qu'est-ce que** tu veux dire? »	Nous ***te demandons*** **ce que** tu veux dire.
«**Qu'est-ce qu'**il dit?»	Ils ***demandent*** **ce qu'**il dit.
«**Que** fait-il?»	Nous ***voulons savoir*** **ce qu'**il fait.
«**Qu'est-ce qui** se passe?»	Nous ***voulons savoir*** **ce qui** se passe.

3. Beachte die Wortstellung:
Nach **où**, **quand**, **comment**, **combien de**, **ce que**, **à quoi** steht oft das **Subjekt** **nach** **dem Verb**. Das Subjekt muss ein **Nomen** sein.

«**Quand** est-ce que Pierre arrive?»	Elle ***demande*** **quand** arrive Pierre.
	Elle ***demande*** **quand** Pierre arrive.
«**Combien d**'amis est-ce que Luc a?»	Il ***veut savoir*** **combien d**'amis a Luc.
	Il ***veut savoir*** **combien d**'amis Luc a.
«**Qu'est-ce que** tes amis veulent?»	Marie ***demande*** **ce que** veulent tes amis.
	Marie ***demande*** **ce que** tes amis veulent.
«**À quoi** est-ce que Luc pense?»	Nous nous ***demandons*** (**ce**) **à quoi** pense L.
	Nous nous ***demandons*** (**ce**) **à quoi** L. pense.
«**Comment** va ta sœur?»	Il ***cherche à savoir*** **comment** va ma sœur.
	Il ***cherche à savoir*** **comment** ma sœur va.

Merke: où est / où sont / quel est / quelle est / quels sont / quelles sont / qui est sind jedoch untrennbar!

«**Où sont** mes clés?»	Papa ***voudrait savoir*** **où sont** ses clés.
«**Où sont** les verres?»	Il ***se demande*** **où sont** les verres.
«**Où est** ton frère?»	Elle ***veut savoir*** **où est** ton / mon frère.
«**Quel est** ton nom?»	Nicole ***me demande*** **quel est** mon nom.

Mögliche Einleitungen:

demander **si / où / comment / quand / combien de / pourquoi / à quelle heure / qui / ce que...**

se demander **si** ...	*sich fragen ob ...*
vouloir savoir **si** ...	*wissen wollen ob ...*
ne pas savoir **si** ...	*nicht wissen ob ...*
chercher à savoir **si** ...	*versuchen zu erfahren ob*
dis-moi, dites-moi **si** ...	*sag mir, sagen Sie mir / sagt mir ob ...*
ne pas comprendre **pourquoi** ...	*nicht verstehen warum*
être curieux d'apprendre **si** ...	*neugierig sein zu erfahren ob ...*
être curieux de savoir **si** ...	*neugierig sein ob ...*
être curieux de connaître **si** ...	*neugierig sein ob ...*
s'informer pour savoir **si** ...	*sich informieren ob ...*
la question de savoir si ...	*die Frage ob ...*
la question qui se pose est de savoir si ...	*die Frage ob ...*

4. **Orts- und Zeitadverbien** werden, je nach Situation, **verändert**.

ici	⇨	***là, là-bas***	*da, dort*
maintenant	⇨	***alors, à ce moment-là***	*damals*
dans une heure	⇨	une heure ***plus tard***	*eine Stunde später*
il y a une heure	⇨	une heure ***plus tôt***	*vor einer Stunde*

5. **Besonderheiten** des Französischen:

der Grund warum *er krank ist*

la raison pour laquelle il est malade *(**nie**: la raison pourquoi ...)*
la raison qui explique sa maladie
la raison de sa maladie

der Grund warum *er nicht gekommen ist*

la raison pour laquelle il n'est pas venu
la raison qui explique son absence
la raison de son absence

der Grund warum *er sich beklagt / sich freut / kritisiert ...*

la raison pour laquelle il se plaint / se réjouit / formule des critiques ...
la raison pour laquelle il a matière à se plaindre

die Frage ob / wann / warum / wie *...*

la question <u>de savoir</u> si / quand / pourquoi / comment ...
*(**nie**: la question si ...)*

Es bleibt ***die Frage, ob*** *er kommt.*

Reste à savoir s'il viendra. *(Futur: siehe ☺* **IV** *p 46)*

darüber nachdenken was

réfléchir **pour savoir** ce que *(**nie**: réfléchir ce que ...)*

Ich bin neugierig ob / wie / warum *....*

Je suis curieux / curieuse <u>d'apprendre</u> si / comment / pourquoi ...
Je suis curieux / curieuse <u>de savoir</u> si / comment / pourquoi ...
Je suis curieux / curieuse <u>de connaître</u> ton opinion.

L'IMPÉRATIF AU DISCOURS INDIRECT

Der **Imperativ** der direkten Rede wird in der indirekten Rede auf **verschiedene Weise wiedergegeben:**

mit	**devoir**	+	**infinitif**
	il faut	+	**infinitif**
	de	+	**infinitif**

«**Achète** des pommes.»	Maman ***me dit*** **que je dois** acheter des pommes. Maman ***lui dit*** **qu'il lui faut** acheter des pommes. Maman ***me dit*** **d'**acheter des pommes. Maman ***me / te demande*** **d'**acheter des pommes.
«**Mets** <u>ton</u> chapeau. »	Elle ***lui dit*** **qu'il doit** mettre <u>son</u> chapeau. Elle ***te dit*** **qu'il faut** mettre <u>ton</u> chapeau. Elle ***te dit*** **de** mettre <u>ton</u> chapeau. Elle ***me demande*** **de** mettre <u>mon</u> chapeau.
«**Ne va pas** en boîte.»	Papa ***m'interdit*** **d'**aller en boîte. Il ***ne me permet pas*** **d'**aller en boîte. Il ***me défend*** **d'**aller en boîte. Il ***me dit*** **que je ne dois pas** aller en boîte. Il ***me dit*** **de** ne pas aller en boîte.
«**Prenez** place.»	Il ***nous invite*** **à** prendre place. Il ***nous prie / demande*** **de** prendre place.

Mögliche Einleitungen sind:

dire **que / de**	*sagen, ersuchen*
ordonner **de**	*befehlen*
proposer **de**	*vorschlagen*
(ne pas) permettre **de**	*(nicht)erlauben*
défendre **de**	*verbieten*
demander **de**	*fragen, bitten*
interdire **de**	*untersagen*
inviter **à**	*einladen*
prier **de**	*bitten, auffordern*

LE DISCOURS INDIRECT

1. «On va visiter les Châteaux de la Loire.» – Cathie dit ....
2. «Ils n'ont pas fait attention.» – Le prof constate ....
3. «Vous avez faim?» – Maman veut savoir ....
4. «Pourquoi est-ce que tu pleures?» – Il est curieux d'apprendre ....
5. «Montre-moi tes timbres.» – Sylvie demande à Pierre ....
6. «Comment faut-il faire la rédaction?» – L'élève demande ....
7. «Je voudrais voir l'exposition du Louvre.» – Elle dit ....
8. «Où est-ce que je peux acheter les billets?» – Pierre s'informe ....
9. «Qu'est-ce que tu as fait ce matin?» – Papa veut savoir ....
10. «À quelle heure est-ce que le train arrive?» – Maman veut savoir ....
11. «Combien de mots est-ce qu'il faut écrire?» – L'enfant ne sait pas ....
12. «Pourquoi est-ce que tu vas à Vienne?» – Pilou ne comprend pas ....
13. «On va à la plage?» – Nathalie propose ....
14. «Ne me quitte pas!» – Elle prie Paul ....
15. «Pourquoi il n'est pas arrivé?» – Je ne connais pas la raison ....
16. «Qui est ce monsieur là-bas?» – Il s'informe ....
17. «Avec qui est-ce que nous partons pour la France?» – Nicole est curieuse ....
18. «Vous devez écrire un dialogue de 40 mots.» – Le prof explique ....
19. «Tu as un plan de métro?» – Fabienne demande ....
20. «Qu'est-ce que vous savez de cette affaire?» – Le policier veut savoir ...
21. «Je ne sais pas où commencer.» – Elle dit ....
22. «Je ne peux pas vous aider, Madame.» – Il dit ....
23. «Comment va ta famille?» – Marie veut savoir ....
24. «Mets ton manteau!» – Maman lui dit ....
25. «Qu'est-ce que vous faites ici?» – Le gardien veut savoir ....
26. «Elle est grande.» – Madame Ledoux raconte ....
27. «Comment est-il?» – Elle est curieuse ....
28. «Ne mangez pas ici.» – Maman leur explique qu'il ....
29. «On a pris beaucoup de photos.» – Monsieur Bertin ajoute ....
30. «Je ne veux pas aller le voir.» – Françoise dit ....
31. «Est-ce que Philippe vient?» – Elle ne sait pas ....
32. «On passe un film super au ciné.» – Marie annonce ....
33. «Ouvrez votre valise, s'il vous plaît.» – Le douanier lui dit ....
34. «Où sont mes clés?» – Elle veut savoir ....
35. «Nous n'avons pas soif.» – Paul répond ....
36. «Pourquoi est-ce qu'il se plaint toujours?» – Je ne connais pas la raison ....
37. «On peut très bien manger au restaurant chinois.» – Anne nous informe ......
38. «Tu as déjà été en France?» – Madame Ledoux veut savoir ....

39. «Où est-ce qu'on va passer les vacances?» – Maman se demande ....
40. «Je ne lui téléphone pas.» – Mireille explique ....
41. «Pourquoi es-tu resté à la maison?» – Philippe cherche à savoir ....
42. «Finis ton verre, Pascal!» – Fernand invite Pascal ....
43. «Je ne suis pas contente.» – Colette avoue ....
44. «Soyez sages!» – Grand-mère demande aux enfants ....
45. «Que fais-tu le week-end?» – Marc cherche à savoir ....
46. «Comment est-ce que je peux aller au Louvre?» – Dis-moi ....
47. «Avec qui est-ce que tu vas au concert de Patricia Kaas?» – Il est curieux d'apprendre ....
48. «Vous prenez la troisième à gauche.» – Le monsieur explique ....
49. «Où est mon stylo?» – Maxime se demande ....
50. «Vous avez fait beaucoup de fautes!» – Le prof a constaté ....
51. «Prenez du gâteau, Madame Garnier!» – Maman invite Madame Garnier ....
52. «Est-ce que tu as vu ce film?» – Elle demande ....
53. «On va refaire ce travail.» – Le prof annonce ....
54. «Le concert commence à huit heures.» – Il nous informe ....
55. «Quel bus faut-il prendre pour La Chapelle?» – Nous voulons savoir .....
56. «Pourquoi êtes-vous en retard?» – Elle nous demande ....
57. «On va danser ce soir?» – Jacques demande ....
58. «Je vais gagner!» – Robert promet ....
59. «Pourquoi est-ce qu'ils vont à Paris?» – Il ne comprend pas ....
60. «Qu'est-ce qui va arriver?» – Elle se demande ....
61. «Que font-ils à Münster?» – Il ne comprend pas ....
62. «Combien d'argent est-ce que tu as dépensé?» – Papa demande à Luc ...
63. «Où est notre chat?» – Nadine ne sait pas ....
64. «Le week-end nous allons faire une promenade.» – Maman annonce .....
65. «Je t'aime, Gilbert.» – Nicole avoue à Gilbert ....
66. «Pourquoi est-ce qu'il est venu?» – Elle veut savoir ....
67. «Je ne sais pas comment faire.» – Elle dit ....
68. « Ne partez pas seuls!» – Papa nous interdit ....
69. «Pourquoi n'a-t-il pas téléphoné?» – Marie se demande ....
70. «Il a écrit pour te dire au revoir.» – Elle informe Claire ....
71. «Qu'est-ce qu'il veut savoir?» – Guylaine est curieuse d'apprendre ....
72. «Où vas-tu?» – Elle cherche à savoir ....
73. «Qu'est-ce que tu as acheté?» – Elle veut savoir ....
74. «Ne dépense pas trop d'argent.» – Grand-père me défend ....
75. «Qu'est-ce qu'il faut faire maintenant?» – Il réfléchit ....
76. «J'ai trouvé une bague.» – Monsieur Garnier informe la police ....
77. «Elle est charmante.» – Louise pense ....
78. «Fais tes devoirs.» – Maman me dit ....
79. «Avec qui est-ce que tu vas au ciné?» – Simone est curieuse de savoir ...

80. «Quel est ton nom?» – Il veut savoir ....
81. «Que veux-tu?» – Il lui demande ....
82. «Restons à la maison!» – Papa propose ....
83. «Lesquelles sont tes chaussures?» – Elle me demande ....
84. «Où sont les tickets?» – Monsieur Perdtout ne sait pas ....
85. «Est-ce que ta correspondante est jolie?» – Cathie ....
86. «On va en boîte ce soir?» – Les garçons ....
87. «Comment vont tes grands-parents?» – Monsieur Gabin ....
88. «Où est ta voiture, Papa?» – Marcel ....
89. «Il ne faut pas manger dans la salle de séjour.» – Maman ....
90. «J'ai déjà lu ce livre.» – Pierre ....
91. «Elle sait faire la cuisine.» – Madame Legrand ....
92. «J'ai oublié mon plan de Paris.» – Francine ....
93. «Tu as faim?» – Elle ....
94. «Quand est-ce que le train part pour Paris?» – Le touriste ....
95. «À qui est-ce que tu as téléphoné?» – Nicole ....
96. «Combien d'argent a-t-il gagné?» – Marc ....
97. «Fermez la porte s'il vous plaît!» – Le professeur ....
98. «Entrez!» – Monsieur Leclerc ....
99. «Ne bois pas trop de café.» – Maman ....
100. «Laquelle est votre valise?» – Le douanier ....
101. «Qu'est-ce que les enfants font?» – Il ....
102. «Pour qui est-ce que tu me prends?» – Elle ....
103. «Pourquoi est-ce que tu la quittes?» – Pierre ....
104. «Elle est mignonne.» – Fabienne ....
105. «Charles est en train de tourner un film.» – La mère de Charles ....
106. «À quoi sert ce truc?» – Le garçon ....
107. «Comment va ta grand-mère?» – Je ....
108. «Qu'est-ce qui est arrivé?» – Célia ....
109. «Où est le courrier du matin?» – Monsieur le directeur ....
110. «Quel est ton livre préféré?» – Jacques ....
111. «Qu'est-ce qui t'intéresse?» – La prof ....

À traduire:

1. Ich kenne den Grund nicht, warum sie so unhöflich ist.
2. Sag mir den Grund warum sie nicht gekommen ist.
3. Der Grund warum er ständig kritisiert ist, dass er eifersüchtig ist.
4. Es bleibt die Frage, ob sie sich entschuldigen wird.
5. Ich habe darüber nachgedacht, was das bedeutet.
6. Ich bin neugierig, ob sie uns hilft.
7. Er ist neugierig, wie sie reist.
8. Wir sind neugierig zu erfahren, warum er nicht gekommen ist.
9. Ich bin neugierig auf deine Meinung.

LES PRONOMS RELATIFS *QUI, QUE, CE QUI, CE QUE, OÙ*

1. *QUI* *der, die, das, welcher, welche, welches*

*(voir d'abord ☺ **II** p 90)*

Qui bezieht sich auf **Personen** und **Dinge** und ist unveränderlich.
Es ist der **erste Fall**, das **Subjekt** des Satzes.
Nach ***qui*** folgt ein **Verb**, das entweder im Singular oder Plural steht.
Es steht **kein Beistrich** bei Relativsätzen, die **zum Verständnis** des Hauptsatzes **notwendig** sind. Der **Beistrich** wirkt wie eine **Klammer**.

Exemples:
Sylvie, **qui** habite à Paris, est ma correspondante française.
Le livre **qui** se trouve sur le bureau est mon livre de français.
Les fleurs **qui** sont dans le vase sont pour maman.
Elle a une jeune fille **qui** s'appelle Nadine.

2. *QUE, QU'* *den, die, das, welchen, welche, welches*

Que, Qu' bezieht sich auf **Personen** und **Dinge**.
Es wird **nicht verändert** und ist der **vierte Fall**, das **Objekt** des Satzes.
Nach ***que***, ***qu'*** folgt ein **Subjekt**. ***Qu'*** steht vor **Vokalen**.
Beistrichregel wie oben.

Exemples:
C'est son adresse **que** vous cherchez?
Les jeunes gens, **que** vous voyez là-bas, sont Barbara et Pilou.
Le livre **qu'**Antoine a lu est très intéressant.

Achtung: Im **passé composé** wird das **Partizip** nach ***que, qu'*** **mit dem Objekt**, an dessen Stelle es steht, **übereingestimmt.**

Exemples:
Voilà l'<u>adresse</u> **que** j'ai cherché<u>**e**</u> partout.
L'<u>histoire</u> **qu'**il a raconté<u>**e**</u> hier était intéressante.
Les <u>hommes</u> **que** tu as vu<u>**s**</u> à la fête de Sébastien sont mon père et mon oncle.

3. *CE QUI* *was* *1.Fall*

Ce qui ist **Subjekt** und hat **ein Verb nach sich.**
Es bezieht sich **nicht** auf eine **bestimmte Person oder Sache,**
sondern auf einen **Sachverhalt**.

Exemples:
Je ne sais pas **ce qui** s'est passé ici.
Il roule trop vite, **ce qui** est dangereux.
Il ne dit jamais bonjour, **ce qui** est impoli.

4. *CE QUE, CE QU'* *was* *4.Fall*

Ce que, ce qu' ist **Objekt** und hat das **Subjekt** des Relativsatzes **nach sich.** Es bezieht sich **nicht** auf eine **bestimmte Person oder Sache,** sondern auf einen **Sachverhalt**. ***Ce qu'*** steht vor **Vokalen**.

Exemples:
Faites **ce que** vous voulez!
Il te dit toujours **ce que** tu veux entendre.
Elle fait toujours **ce qu**'elle veut.
Tu n'oublies pas **ce que** tu m'as promis, n'est-ce pas?

5. *OÙ* *wo*

Exemples:
Il cherche un bureau **où** il peut travailler sans être dérangé.
On va au restaurant **où** on s'est rencontré pour la première fois.
Elle habite dans un appartement d'**où** on a une belle vue sur Paris.

QUI, QUE, CE QUI, CE QUE, OÙ

1. Je ne comprends pas .... il veut.
2. Tu as entendu .... papa a dit?
3. Le restaurant .... nous avons trouvé est super.
4. Il n'écoute jamais .... je lui propose.
5. Nous cherchons un restaurant .... on peut bien manger.
6. Tu ne peux pas faire .... tu veux.
7. Voilà le numéro de téléphone .... tu veux avoir.
8. Je me demande .... il fait dans cette chambre.
9. Le film .... Alain a raconté ne m'intéresse pas.
10. Bois .... te plaît!
11. Voilà le cadeau .... je vous ai promis.
12. Les femmes .... tu as vues sont ma mère et ma tante.
13. C'est un genre de musique .... ne me plaît pas.
14. La B.D. .... tu as dessinée est chouette.
15. C'est la nouvelle voiture .... tu as achetée?
16. Voilà les clés .... vous avez cherchées.
17. Prends .... tu veux.
18. J'ai acheté le vin .... tu préfères.
19. La maison .... les Legrand habitent est très ensoleillée et moderne.
20. La robe .... tu as achetée est chic.
21. Voilà mon amie .... habite à Cannes.
22. Le repas .... on a pris hier était trop salé.
23. Les photos .... tu as prises sont formidables.
24. Il aime Paris .... est la ville de l'amour.
25. Les lettres .... il a écrites sont sur mon bureau.
26. Il n'a pas trouvé .... il a cherché.
27. Voilà le taxi .... tu as appelé.
28. Les chaussures .... tu veux sont trop chères.
29. Il dit toujours que la ville .... il habite est un trou.
30. Je ne sais pas .... s'est passé hier.
31. Il ne peut plus manger .... il veut.
32. Claudine .... fête son anniversaire en avril invite toutes ses amies.
33. Voilà les timbres .... tu m'as demandés hier.
34. Ils ont deux enfants .... s'appellent Marc et Claudine.
35. Il nous raconte toujours .... il a vu pendant la guerre.
36. Il ne fait que .... lui plaît.
37. La ville .... elle est née est Vienne.
38. Je ne vais pas oublier la lettre .... il m'a écrite.
39. Tu aimes le sandwich .... je t'ai préparé?
40. Il l'a aidé, ... je trouve charmant.
41. Monsieur Gabin a un bateau .... il veut vendre.

42. Je te présente Pierre .... est un élève exceptionnel.
43. Vous avez vu le film .... est passé hier sur TF1?
44. Elle ne peut pas croire .... Pierre lui a dit.
45. Thérèse .... habite en banlieue veut déménager.
46. C'est un homme .... réussit toujours.
47. Le gâteau .... vous mangez est de Céline.
48. Simone a gagné un voyage, ... la rend très heureuse.
49. Il a une tante .... habite en France.
50. Le train .... il faut prendre à huit heures entre en gare.
51. Tu ne veux pas manger .... on t'a donné?
52. La Grèce, c'est le pays .... il voudrait bien vivre.
53. Madame Bartou est une prof .... aime ses élèves.
54. Elle a oublié son passeport, ... était une catastrophe.
55. Monsieur Brunner a présenté son nouveau film .... est extra.
56. Ne perds pas la fiche .... il t'a donnée.
57. Ils font toujours du bruit, ... m'énerve.
58. J'aime le parc .... on peut faire des balades à vélo.
59. Nadine est une fille .... on doit aimer.
60. On présente une exposition .... me plaît énormément.
61. Dites-moi .... vous voulez faire après le bac.
62. Tu es toujours en retard, ... est impoli.
63. Bertrand .... est l'auteur de ce poème est vraiment doué.
64. Les enfants .... ont joué ici ramassent leurs affaires!
65. Le musée .... cette exposition est présentée, n'est pas loin d'ici.
66. Il a acheté des tas de livres .... sont intéressants.
67. Il ne sait pas encore .... il risque.
68. J'ai vu un film .... je ne comprends pas du tout.
69. L'idée .... il nous a présentée est superbe.
70. Elle cherche un atelier .... elle peut dessiner.
71. Il dit toujours la même chose, ... je ne peux pas supporter.
72. Elle porte un manteau .... est très élégant.
73. Où est le monsieur .... s'appelle Montand?
74. Je cherche les articles .... je t'ai donnés hier.
75. Voilà la liste des amis .... elle veut inviter pour le dîner.
76. Je connais une plage .... on est seul.
77. Il attend le train .... arrive à cinq heures.
78. Tu n'oublies pas .... tu m'as promis, n'est-ce pas?
79. Il ne dit jamais .... il veut.
80. C'est Marcel .... elle aime beaucoup.
81. Elle a écrit des livres .... on peut acheter partout.
82. Je ne comprends pas .... lui plaît dans ce village.
83. Ils ont un grand étang .... les enfants aiment beaucoup.
84. La boîte .... nous nous sommes amusées était le Paradis.

LA MISE EN RELIEF
Die Hervorhebung

Voir d'abord ☺ **II** p 7/5.

1. La mise en relief du **sujet**: *(Hervorhebung des Subjekts)*

c'est ... qui
ce sont ... qui

Merke 1: Das **Verb** richtet sich immer nach der **Person**, dem **Subjekt**.

Merke 2: Bei den **betonten Personalpronomen eux / elles** kann sowohl ***c'est*** als auch ***ce sont*** verwendet werden. Sonst wird **für alle Personen *c'est*** verwendet.

Merke 3: **qui** wird **nie apostrophiert**.

C'est *Pierre* qui m'a écrit cette lettre.	*Peter hat mir diesen Brief geschrieben.*
C'est *moi* qui ai préparé le repas.	*Ich habe das Essen gekocht. (1.Fall)*
C'est *nous* qui aimons le jazz.	*Wir lieben den Jazz. (1.Fall)*
C'est / Ce sont *eux* qui partent.	*Sie fahren ab. (1.Fall)*
Ce sont *les filles* qui veulent danser.	*Die Mädchen wollen tanzen. (1.Fall)*

Anmerkung: **Ce sont** wird hier verwendet, da es sich um **kein betontes Personalpronomen** handelt. ***C'est les filles*** hört man nur in familiärem Französisch.

2. La mise en relief du **complément**: *(Hervorhebung des Objektes)*

c'est ... que
c'est ... qu' *(vor Vokalen)*
ce sont ... que

C'est Pierre **qu'**on a vu.	*Wir haben Peter gesehen.(4.Fall)*
Ce sont seulement les pommes vertes **que** j'aime.	*Ich mag nur die günen Äpfel. (4.Fall)*
C'est Sylvie **qu'**il adore.	*Er betet Sylvie an. (4.Fall)*

METS EN RELIEF LES MOTS EN GRAS

Exemples: **Pilou** aime **le rap**.
C'est Pilou qui aime le rap.
C'est le rap que Pilou aime.

Je suis sorti(e) avec **Marc**.
C'est moi qui suis sorti(e) avec Marc.
C'est avec Marc que je suis sorti(e).

1. **Tu** vas écrire une lettre **à tante Estelle**?
2. **Nous** avons rencontré **Luc**.
3. **Le Danube** traverse **Vienne**.
4. **Un copain** m'a volé **mon argent**.
5. **Jérôme** s'intéresse **à la musique moderne**.
6. **Mon père** veut aller **en Grèce**.
7. **J'**ai acheté **le vin**.
8. **Alain** m'a raconté **ce film**.
9. **Les bananes** sont trop chères.
10. **Fabienne** adore **Brad Pitt**.
11. **La jupe** est trop courte.
12. **Ils** jouent **dans un club de foot**.
13. **Mes parents** préfèrent **la campagne**.
14. **Il** boit seulement **du champagne**.
15. **Madame Gilot** est née **en 1956**.
16. **Il** vit à **Rennes**.
17. **Mon frère** a gagné **un prix**.
18. **Alain** connaît **une boîte super**.
19. **La France** est connue **pour ses vins et ses fromages**.
20. **J'**ai une **correspondante japonaise**.
21. **Nous** cherchons **un bon restaurant**.
22. **Il** a perdu **son chapeau**.
23. **Elle** a invité **François**.
24. **Tu** as acheté **le pain**?
25. **Pierre** est venu **en patins à roulettes**.
26. **Ils** se rencontrent **au Café Paradis**.
27. **La musique classique** ne lui plaît pas.
28. On trouve des C.D. super **aux Galeries Lafayette**.
29. **Dominique** oublie toujours ses devoirs.
30. **Nicole** va être triste.
31. **Monsieur Gilot** a perdu **son ticket de métro**.
32. **Vous** avez entendu **Bertrand**?
33. On se rencontre **à neuf heures**.
34. **J'**ai soif.
35. **Les enfants** ont mangé **du chocolat**.
36. **Ils** ont bu **mon vin**!
37. **Il** aime **les films avec Julia Roberts**.

L'ADVERBE PRONOMINAL *EN*

1. *En* steht als Adverb für **Ergänzungen** mit **de** in **örtlichem** Sinn.

Exemples:

Tu viens **de Vienne**?	– Oui, j'**en** viens.	*Ja, ich komme von dort.*
Vous venez **de la ville**?	– Oui, nous **en** venons.	*Ja, wir kommen von dort.*
Il descend **de la voiture**?	– Oui, il **en** descend.	*Ja, er steigt aus.*
Papa est rentré **du bureau**?	– Oui, il **en** est rentré.	*Ja, er ist von dort zurück.*
Julie est sortie **du lycée** ?	– Oui, elle **en** est sortie.	*Ja, sie ist von dort weggegangen.*

2. *En* steht als Pronomen für **Ergänzungen** mit **de** in **übertragenem** Sinn.
Es darf sich in solchen Fällen **in gutem Französisch** <u>nur</u> auf **Dinge** beziehen.
Für **Personen** verwenden wir das **betonte Personalpronomen**.
(☺ **II** *p 6. Voir aussi* ***la liste des verbes avec <u>de</u>***: ☺ **III** *p 38.*)

Exemples:

Tu as pris une photo **de la tour**?	– Oui, j'**en** ai pris une photo.	*.... davon*
On a déjà parlé **de cette histoire**?	– Non, on n'**en** a pas encore parlé.	*.... davon*
Papa parle souvent **de son travail**?	– Oui, il **en** parle souvent.	*.... davon*
Tu t'occupes **de cette affaire**?	– Oui, je m'**en** occupe.	*... darum*
Vous vous souvenez **du film**?	– Oui, nous nous **en** souvenons.	*Wir erinnern uns daran.*
Tu te souviens **de ce livre**?	– Oui, je m'**en** souviens.	*Ich erinnere mich daran.*
Tu as envie **de prendre un café**?	– Oui, j'**en** ai envie.	*Ich mag / habe Lust dazu.*
Il est heureux **de son succès**?	– Oui, il **en** est heureux.	*ist glücklich darüber*

<u>Achtung bei Personen:</u>

Vous avez parlé **de** <u>Pierre</u>?	– Oui, nous avons parlé **de** <u>lui</u>.	*.... von ihm*
Tu as pris une photo **de** <u>Nicole</u>?	– Oui, j'ai pris une photo **d'**<u>elle</u>.	*.... von ihr*
Tu te souviens **de** <u>ma cousine</u>?	– Non, je ne me souviens pas **d'**<u>elle</u>.	*... an sie*
Elle rêve **de** <u>Brad Pitt et J.Depp</u>.	– Elle rêve **d'**<u>eux</u>.	*.... von ihnen*

3. ***En*** steht als Pronomen als **Ersatz** für
den **Teilungsartikel**,
das **partitive de** und
den **unbestimmten Artikel**
besonders in Verbindung mit Mengenangaben und Zahlwörtern.
Hier kann ***en*** **auch für Personen** stehen.

Exemples:

Tu prends **de la mayonnaise**? – Oui, j'**en** prends.
Vous prenez **du beurre**? – Oui, j'**en** prends.
As-tu **des pommes**? – Oui, j'**en** ai.
Elle joue **de la flûte**? – Oui, elle **en** joue.

Tu veux **combien de pommes**? – J'**en** veux deux kilos.
Tu prends **combien de café**? – J'**en** prends deux tasses.
Combien de livres est-ce que vous lisez? – J'**en** lis 10 par an.

Je n'ai plus **de chewing-gum**. – **En** as-tu un pour moi? *Hast du einen für mich?*
Oui, j'**en** ai un.
Non, je n'**en** ai pas, mais je vais **en** acheter.
Nein, ich habe keinen, aber ich werde welchen kaufen.

Il a **un appartement**? – Oui, il **en** a un. *Ja, er hat eine (Wohnung).*
Non, il n'**en** a pas. *Nein, er hat keine.*

Tu prends **une tasse de café**? – Oui, j'**en** prends une. *Ja, ich nehme eine.*
Non, je n'**en** prends pas. *Nein, ich nehme keine.*

Anmerkung: der **unbestimmte Artikel** **Einzahl (un / une)** wird im bejahten Satz an die ***en***-Konstruktion nach dem Verb wieder **angefügt**.

bei Personen:

Tu as **une sœur**? – J'**en** ai une.
Combien de frères est-ce que tu as? – J'**en** ai deux.
Il a beaucoup **d'amis**? – Oui, il **en** a beaucoup.
Nous avons vu beaucoup **de jeunes filles**. – Nous **en** avons vu beaucoup.

4. *En* bezieht sich auf einen vorhergehenden Satz.

Exemples:
Il a échoué à l'examen. Il **en** est très malheureux.
Elle a eu un accident. Elle **en** est désespérée.
Il a une bonne note. Il **en** est fier.

5. Merke folgende Wendungen:

Je vous **en** prie.	*Bitte sehr! / Bitte schön!*
Tu m'**en** veux?	*Bist du mir böse?*
Ne m'**en** voulez pas.	*Seien Sie / Seid mir nicht böse.*
Qu'**en** dites-vous?	*Was sagen Sie dazu?*
Tu peux **en** être sûr!	*Da / Dessen kannst du sicher sein!*
Il y **en** a qui disent ...	*Es gibt Leute, die sagen ....*
J'**en** ai pour une minute.	*Ich brauche nur eine Minute.*
Je n'**en** peux plus.	*Ich kann nicht mehr.*
Ne t'**en** fais pas.	*Mach dir keine Sorgen.*
Il s'**en** fait trop.	*Er macht sich zu viele Sorgen.*
Elle **en** aime un autre.	*Sie liebt einen anderen.*
J'**en** ai assez!	*Mir reicht's!*
C'**en** est trop!	*Das geht zu weit!*
J'**en** doute.	*Ich bezweifle das.*
J'**en** doute fort.	*Das möchte ich stark bezweifeln.*
Je m'**en** doute.	*Das kann ich mir denken.*
Restons-**en** là.	*Bleiben wir dabei.*
Venons-**en** au fait.	*Kommen wir zum Wesentlichen.*
Je m'**en** suis allé(e).	*Ich bin weggegangen.*
Va-t'**en**!	*Geh weg!*
Allez-vous-**en**!	*Gehen Sie weg! / Geht weg!*
Donnez-m'**en**!	*Geben Sie / Gebt mir davon!*
Parlez-m'**en**!	*Erzählen Sie / Erzählt mir davon!*
Je ne peux pas **en** croire mes oreilles!	*Ich traue meinen Ohren nicht!*
Je n'**en** reviens pas!	*Ich kann es nicht glauben!*
J'ai vingt ans, mon ami **en** a trente.	*Ich bin 20, mein Freund 30.*
Il y **en** a encore.	*Es sind noch welche da. / Es gibt noch etwas davon.*

METS *EN* SI POSSIBLE

1. Ils ont discuté **de leurs problèmes**.
2. Tu as besoin **de ce livre** maintenant?
3. Elle fait **de la natation**? – Oui, elle .... deux fois par semaine.
4. Nadine se moque **de ta jupe longue**.
5. Pierre fait aussi **du jogging**.
6. Tu prends **de la confiture**?
7. Maman te donne **du vin**?
8. Tu as besoin **de mon stylo**? – Oui, ...
9. Vous prenez **de la soupe**?
10. Tu voudrais **un sandwich**?
11. Luc est content **de sa nouvelle bicyclette**? – Oui, il ....
12. **Combien de farine** est-ce que tu mets? – J' .... un kilo.
13. Il parle toujours **de ses enfants**.
14. Tout le monde parle **de cette affaire**.
15. Alain a pris une photo superbe **de Nicole**.
16. Ils ont **une maison à la plage**? – Oui, ils ....
17. Tu reviens **de Paris**? – Non, ...
18. Il est fier **de sa nouvelle voiture**.
19. Tu as acheté **des pommes de terre**? – Oui, ...
20. Elle est revenue **de Londres**? – Oui, ...
21. Tu veux **de la limonade**? – Non, ...
22. Tu as envie **de prendre une tasse de café**? – Oui, ...
23. Il a peur **des araignées**? – Oui, ...
24. Il se moque toujours **de son frère**.
25. J'ai besoin **de mon père** ce soir.
26. Tu as acheté **le vin** ? – Oui, ...
27. On va parler **de nos amis**.
28. Fernand aime s'occuper **de la cuisine**.
29. **Combien de melons** est-ce que vous prenez? – J' .... deux.
30. Il ne prend jamais **de sucre**? – Non, il ....
31. Est-ce qu'il y a encore **du sel**? – Oui, ...
32. Paul est content **de sa femme**.
33. Je n'ai plus **de farine**. Tu pourrais .... acheter?
34. Il joue **de la guitare**? – Oui, il .... joue depuis deux ans.
35. Elle parle toujours **de son chien**.
36. Je me souviens **des heures merveilleuses passées ensemble**.
37. Nous sommes très contents **de notre hôtel**.
38. Tu veux encore **de la soupe**? – Non, je ....
39. **Combien de bière** est-ce que tu bois? – J'......... bois un verre par jour.
40. Les filles ont parlé **de leurs amis**.

41. Tu viens **de Paris**? – Oui, ...
42. Maman a pris une photo **de Claudine**? – Oui, ...
43. Il descend les escaliers **de la tour Eiffel**.
44. Nous avons envie **d'aller au restaurant chinois**.
45. Vous vous souvenez **de Pauline et Marc**?
46. Tu prends **combien de lait**? – J' .... une cuillère.
47. **Combien d'amies** est-ce qu'il a? – Il .... trois.
48. Ils ont **une maison**? – Non, ils ....
49. **Elle a réussi à l'examen**. Elle .... est fière.
50. **Elle a perdu son porte-monnaie**. Elle .... est perturbée.
51. Vous me donnez encore **du gâteau**? – Vous .... encore?
52. Tu voudrais **un verre de bière**? – Oui, ...
53. As-tu encore **du café**? – Non, je .... plus.
54. **Combien de pommes** est-ce que tu manges par jour? – J' .... une.
55. Il a rencontré **beaucoup de jeunes gens**.
56. Elle s'occupe **de son grand-père**.
57. Tu te souviens **de ce film avec Brad Pitt**? – Oui, je ....
58. Les enfants sont revenus **de l'école**.
59. Les garçons sont sortis **du bar**.
60. Pierre sait jouer **du piano**? – Non, il ....
61. **Elle a gagné à la loterie**. Elle .... est heureuse.
62. **Combien de bouteilles de vin** est-ce que tu as achetées? –
J' .... trois bouteilles.
63. Vous prenez **de la moutarde**? – Oui, j' ....
64. Il a pris **une tasse de chocolat**? – Oui, il ....
65. Il rêve toujours **de Marie**.
66. Maman est revenue **du marché** à cinq heures.
67. Elle fait **de la danse classique**.
68. Tu es content **de ton prof d'allemand**? – Oui, ...
69. **Combien de sucre** est-ce que tu mets dans ton thé? –
J' .... deux cuillères à café.
70. On a besoin **de Guylaine** aujourd'hui.
71. Est-ce qu'il y a encore **de la confiture**? – Oui, ...
72. Tu voudrais encore **de la viande**? – Non, ...
73. Elle est très contente **de cette solution**.
74. Vous avez apporté **le pain**? – Oui, ...
75. **Combien d'artichauts** est-ce que tu vas acheter? –
Je .... quatre.
76. **Combien de vin** est-ce que tu bois? – J'..
une bouteille par semaine.
77. Je n'ai plus **de craie**. .... as-tu une pour moi?
78. Tu as fait **tes devoirs**? – Oui, je ....
79. **Combien de vin** est-ce qu'il a bu? – Il .... deux verres.

L'ADVERBE PRONOMINAL *Y*

1. ***Y*** wird in **örtlichem** Sinn für **Ergänzungen** mit **à**, **sous**, **sur**, **devant**, **derrière**, **dans**, **en** ... (aber nicht mit de) verwendet.

Exemples:

Tu es **à Vienne**?	– Oui, j'**y** suis.	*Ja, dort bin ich.*
Vous habitez **en France**?	– Oui, j'**y** habite.	*Ja, ich wohne dort.*
Le chat est **sous le lit**?	– Oui, il **y** est.	
Le sac est **dans l'armoire**?	– Oui, il **y** est.	

Anmerkung 1: ***Y*** **entfällt** vor **Futur** und **Konditional** des Verbes **aller** (voir ☺ **IV**) (wegen der Aussprache).

Exemples:

Tu iras **à Paris**? – Oui, **j'irai**. *Wirst du nach P. fahren?- Ja, ich werde dorthin fahren.*

Tu irais **en France**? – Oui, **j'irais,** si j'avais l'argent voulu. *Würdest du nach Paris fahren? – Ja, ich würde, wenn ich das nötige Geld hätte.*

2. ***Y*** wird in **übertragenem** Sinn für **Ergänzungen** mit **à** (aber nicht mit de) verwendet.

Y ersetzt Konstruktionen nach:

	s'intéresser **à**	
	penser **à**	
	arriver **à faire**	*(etw. tun können, gelingen)*
	réfléchir **à**	*(nachdenken über)*
	renoncer **à**	*(verzichten auf)*

*(Voir aussi **la liste des verbes avec à**: p 43)*

Exemples:

Pensez **à vos promesses**! – Pensez-**y**, les enfants! (penser **à**)

Tu t'intéresses **aux films policiers**? – Oui, je m'**y** intéresse. (s'intéresser **à**)

Tu es arrivé **à faire le gâteau seul**? – Oui, j'**y** suis arrivé. (arriver **à** faire)

Vous réfléchissez **à ce qu'elle a demandé**? – Oui j'**y** réfléchis. (réfléchir **à**)

Anmerkung 2: *Y* darf sich in <u>gutem</u> Französisch nur auf **Dinge** beziehen.

Exemples:
Il pense souvent **à ses vacances**. *(Ding)*
Il **y** pense souvent.

Elle pense toujours **à** <u>son ami</u>. *(Person)*
Elle pense toujours **à** <u>lui</u>. *(Eine Konstruktion mit **y** ist bei **Personen <u>nicht</u> gestattet**.)*

3. Merke folgende Wendungen:

J'**y** pense.	*Ich denke daran.*
J'**y** renonce.	*Ich verzichte darauf.*
J'**y** réfléchis.	*Ich denke darüber nach.*
Il n'**y** comprend rien.	*Er versteht davon nichts.*
J'**y** étais aussi.	*Da war ich auch.*
Je n'**y** suis pour personne.	*Ich bin für niemanden zu sprechen.*
Je n'**y** suis pour rien.	*Es ist nicht meine Schuld.*
Je n'**y** peux rien.	*Ich kann nichts dafür.*
J'**y** suis, j'**y** reste.	*Hier bin ich und hier bleibe ich.*
On n'**y** voit rien dans ce brouillard.	*Bei diesem Nebel sieht man nichts.*
y compris	*einschließlich*
Ça **y** est!	*So! / Fertig! / Das wäre erledigt!*
Il sait s'**y** prendre avec ses collègues.	*Er kommt gut mit seinen Kollegen aus.*
Vous n'**y** êtes pas.	*Sie irren sich.*
Vous **y** êtes?	*Können Sie mir folgen? / Haben Sie verstanden? / Sind Sie fertig?*
Il s'**y** connaît.	*Er versteht etwas davon. / Er kennt sich aus.*
Je n'**y** reviens plus.	*Ich komme darauf nicht mehr zurück.*

METS *Y* SI POSSIBLE

1. Papa nous donne rendez-vous **devant le lycée**.
2. Pilou vous attend **à la gare**.
3. Fabienne est animatrice **au club Robinson**.
4. Il nous attend **à la sortie**.
5. Tu veux visiter **le musée**? – Non, je ....
6. Vous travaillez **à votre nouveau livre**? – Oui, ...
7. Nous vous attendons **derrière le parc**.
8. Tu joues **au tennis**? – Oui, ...
9. Tu arrives **à faire tes devoirs seul**? – Non, ...
10. **Mon livre** se trouve **dans ton sac**? – Non, ...
11. Il pense souvent **à ses vacances**.
12. Tiens, j'ai rencontré **<u>Fernand</u> <u>à Paris</u>**!
13. Elle pense toujours **à son ami**.
14. On va **à la fête d'Alain**?
15. Daniel attend **près du bar**.
16. Tu as pensé **à faire tes devoirs** ? – Oui, ...
17. Maman a pensé **au gâteau d'anniversaire de Nathalie**.
18. Pierre est déjà **à la piscine**? – Oui, ...
19. Mes chaussures sont **sous le lit**? – Oui, ...
20. Elle n'a plus pensé **à son devoir de français**.
21. Pilou ira **à Vienne**.
22. Tu as acheté **le vin** pour ce soir? – Oui, ... acheté.
23. On va prendre une glace **au café**? – Oui, ...
24. On entre **au salon** par une grande porte.
25. Vous m'attendez **devant le cinéma**? – Oui, je ....
26. Tu t'es amusée **à la fête de Gaston**? – Oui, ...
27. Vous êtes **à Salzbourg** maintenant? – Oui, nous ....
28. Il s'intéresse **au théâtre**? – Non, il ....
29. Pensez **à vos devoirs**!
30. Bertrand ne pense plus **à Hélène**.
31. Tu iras **en Italie**? – Non, je ....
32. Je réfléchis toujours **à ce qu'il a dit**.
33. On va manger **au restaurant chinois**? – Oui, on ....
34. Elle s'intéresse beaucoup **à Paul**.
35. Il va faire ses études **à Vienne**.
36. Papa est encore **au travail**.
37. On va faire un tour **à la plage**? – Oui, on ....
38. Ta collègue est encore **au bureau**? – Non, elle ....
39. Maman travaille **à la boulangerie**.
40. Est-ce que tu veux aller **chez Nadine**? – Non, je ....

Y OU *EN*

1. Je n' .... suis pour rien.
2. Allez-vous- ....
3. C' .... est trop!
4. Je n' .... reviens pas!
5. Ça .... est!
6. Donnez-m' ....
7. Elle a trente ans et son ami .... a trente-cinq.
8. Je n' .... peux plus.
9. Il .... a qui disent qu'il est trop tard.
10. Il m' .... veut encore?
11. Elle sait s' .... prendre avec ses élèves.
12. Il n' .... comprend rien.
13. Il s' .... connaît.
14. J' .... ai assez!
15. Il .... aime une autre.
16. J' .... étais aussi.
17. Vous n' .... êtes pas.
18. J' .... suis, j' .... reste.
19. J'.................... ai pour une minute.
20. Je m' .... doute.
21. Je n' .... suis pour personne.
22. Il .... a encore.
23. Je vous .... prie, Madame.
24. J' .... pense.
25. Il s' .... fait trop.
26. Il s'est fâché avec toute sa famille, ... compris son frère.
27. J' .... réfléchis.
28. On n' .... voit rien dans ce brouillard.
29. Parlez-m' .... !
30. J' .... ai oublié!
31. Il ne peut pas .... croire ses oreilles.
32. Pierre s' .... est allé.
33. Qu' .... dites-vous?
34. Restons- .... là.
35. Tu .... renonces?
36. Tu peux .... être sûr.
37. Va-t' .... !
38. Ne t' .... fais pas.
39. Venons- .... au fait.
40. Vous .... êtes?

LA PLACE DES ADVERBES PRONOMINAUX *Y* ET *EN* ET DES PRONOMS

1. ***Y*** steht immer **vor *en***:

Exemples:

Est-ce qu'il y a encore **du pain**?	–	Oui, il **y en** a encore.
Est-ce qu'il y a encore **des tomates**?	–	Oui, il **y en** a encore.

2. Die **Verneinung umschließt *y*** und ***en*** und **Verb / Hilfsverb**.

Exemples:

Est-ce qu'il y a encore **de la salade**?	–	Non, il **<u>n</u>'y en** a **<u>plus</u>**.
Tu te souviens **de ce roman**?	–	Je **<u>ne</u>** m'**en** souviens **<u>pas</u>**.
Il habite **place Pigalle**?	–	Non, il **<u>n</u>'y** habite **<u>pas</u>**.
Il va souvent **en Angleterre**?	–	Non, il **<u>n</u>'y** va **<u>jamais</u>**.
Tu as déjà été **à Paris**?	–	Non, je **<u>n</u>'y** ai **<u>pas encore</u>** été.
Tu vois quelque chose **là-bas**?	–	Non, je **<u>n</u>'y** vois **<u>rien</u>**.

3. ***Y*** und ***en*** stehen dem **Hilfsverb**, dem **Verb** oder dem **Infinitiv immer am nächsten**.

Exemples:

J'**y** **<u>ai</u>** pensé.	*(Hilfsverb)*
J'**en** **<u>ai</u>** pris une photo.	*(Hilfsverb)*
Elle **y** **<u>est</u>** allée.	*(Hilfsverb)*
Elle **y** **<u>habite</u>**.	*(Verb)*
Elle **en** **<u>parle</u>** souvent.	*(Verb)*
Il voudrait nous **y** **<u>rencontrer</u>**.	*(Infinitiv)*
Elle va vous **en** **<u>parler</u>**.	*(Infinitiv)*

> **4.** ***Y*, *en*** und alle anderen Pronomen stehen bei den **Verben der Wahrnehmung, des Veranlassens** und **Zulassens** **nicht** vor dem **Infinitiv**:

entendre	**laisser**
écouter	**faire** *(veranlassen)*
voir	**envoyer**
regarder	**sentir** *(fühlen, spüren)*

Exemples:

J'**en** ai déjà ***entendu parler***.	*Ich habe schon davon gehört.*
Monsieur Gabin **y** ***fait construire*** une maison.	*Herr Gabin lässt dort ein Haus bauen.*
On **y** ***voit travailler*** beaucoup de travailleurs immigrés.	*Man sieht dort viele Gastarbeiter arbeiten.*

> **5.** Im **verneinten Imperativsatz** haben ***y, en*** und die Pronomen **dieselbe Stellung** wie im **Aussage- und Fragesatz**:

Exemples:
Ne lui **en** parle plus!
Ne leur **en** donne pas!
N'**y** allez pas!
N'**y** va pas!

> **6.** Beim **bejahten Imperativ** werden ***y*** und ***en*** mit **Bindestrich angehängt**.
> Die **Verben auf *–er* und *offrir*** haben in der **Einzahl vor *y*** und ***en*** noch ein **-s**.
> Vor ***y*** und ***en*** bleiben **m'** und **t'** anstatt **moi** und **toi**.
> (voir ☺ **II** p 9, p 79/4)

Exemples:

Vas-**y** vite!	*Geh schnell dorthin!*	Manges-**en**!	*Iss davon!*
Parles-**en**!	*Sprich davon!*	Penses-**y**!	*Denk daran!*
Parlez-**m'en**!	*Erzählen Sie mir davon!*	Donnez-**m'en**!	*Geben Sie mir davon!*
Va-**t'en**!	*Geh weg!*	Donne-**m'en**!	*Gib mir davon!*
Offres-**en**!	*Biete davon an!*		

> **Merke**: Beim **bejahten Imperativ** werden **alle Objektvertreter** mit **Bindestrichen an das Verb gehängt**.
> Der **4. Fall** steht immer **direkt am Verb**.

Donne-moi **ton cahier**!	– Donne-**le-moi**!
Va vite **à l'école**!	– Vas-**y** vite!
Apportez **les photos à Pierre**!	– Apportez-**les-lui**!
Explique **la règle aux élèves**!	– Explique-**la-leur**!
Achète deux kilos **de pommes**!	– Achètes-**en** deux kilos!
Prends **une tasse de thé** avec **les enfants**!	– Prends-**en** une avec **eux**!
Achetez **des cadeaux à Nadine**!	– Achetez-**lui-en** quelques-uns!
Allez chercher **vos parents à la gare**!	– Allez-**les-y** chercher!
Dis-lui **la vérité**!	– Dis-**la-lui**!
Donne-lui **du gâteau**!	– Donne-**lui-en**!
Passe-moi **le sel**.	– Passe-**le-moi**!

Croyez-**moi**! *Glauben Sie (es) mir!*
Croyez-**le**! *Glauben Sie es (mir)!*

***Merke**: **croire** kann nicht gleichzeitig **Person- und Sachobjekt** haben.*

> **7.** Beachte folgende **Tabelle**:

	me												
	te		**le**								**Hilfsverb**		**pas**
ne *vor*	**se**	*vor*	**la**	*vor*	**lui**	*vor*	**y**	*vor*	**en**	*vor*	**Verb**	*vor*	**jamais**
	nous		**les**		**leur**						**Infinitiv**		**plus**
	vous												**rien**

Elle montre **son cahier au prof**.	– Elle **le lui** montre.
Papa rencontre **les enfants à la gare**.	– Il **les y** rencontre.
Il t'a offert **du vin**?	– Oui, il **m'en** a offert.
Ne lui donne pas **de bière**.	– Ne **lui en** donne pas.
Tes parents se trouvent **à Paris**?	– Non, ils ne **s'y** trouvent pas.
Tu attends **tes amies devant la librairie**?	– Oui, je **les y** attends.
Les filles parlent **de la fête aux amis**.	– Elles **leur en** parlent.
Il ne me parle pas **de son problème**.	– Il ne **m'en** parle pas.
Il a informé **son prof de son absence**.	– Il **l'en** a informé.
Il veut donner **un cadeau à son frère**.	– Il veut **lui en** donner un.
Elle va expliquer **la règle aux élèves**.	– Elle va **la leur** expliquer.
Nous avons parlé **de Pierre**.	– Nous avons parlé **de lui**.
Ne me parle pas **de cette affaire**!	– Ne **m'en** parle pas!

METS *Y*, *EN* OU LES PRONOMS PERSONNELS

1. Voilà **de la confiture**. Est-ce que tu .... veux?
2. Tu as **beaucoup de livres**? – Oui, j' ... ... ai deux cents environ.
3. Tu as acheté **le beurre**? – Non, je .... acheté ! Je .... ai oublié!
4. Il invite sa famille .... compris sa tante et ses cousins.
5. Nos parents nous attendent **devant le cinéma**.
6. Nous sommes sortis **du parc** à huit heures du soir.
7. Fabienne va .... réfléchir.
8. Il n' .... est pour personne.
9. Il m' .... veut encore.
10. Elle s' .... connaît.
11. Tu viens **de l'école**? – Oui, ...
12. Attends! Je n' .... comprends rien!
13. Je m' .... suis allé à huit heures.
14. Elle est heureuse **de son retour**? – Oui, elle ....
15. Tu vas me donner l'adresse de Madame Ledoux? –
    Oui, je vais .... penser!
16. Tu irais **à Berlin**? – Oui, j'.............................. irais, si j'avais le temps.
17. On va sortir **sans les Legrand**.
18. Mon livre était **sur la table,** mais il n' .... est plus.
19. Je ne peux pas .... croire mes yeux!
20. Monsieur Gabin a habité **au premier étage**.
21. Tu as déjà écrit **à Marlène**? – Oui, ...
22. Est-ce qu'il y a encore **de la bière**? – Oui, ...
23. Tu vas **au marché**? – Non, je ....
24. La voiture est **dans le garage**.
25. Fabienne veut bien rester **en France**.
26. Il voudrait bien rester **chez ses amis**? – Oui, il ....
27. Nous avons beaucoup parlé **de nos correspondants**.
28. Il m'a montré une photo **de son amie**.
29. Je n'ai plus **d'allumettes**.
30. Maman est entrée **dans notre chambre**.
31. Les enfants sont déjà **à l'école**? – Oui, ...
32. Il vient **de chez sa grand-mère**? – Oui, ...
33. Elle téléphone **à sa sœur**? – Non, ...
34. Je suis heureux **de son retour**.
35. Tu as laissé tes clés **dans la voiture**? – Oui, ...
36. Elles aiment se mettre **au soleil**.
37. Est-ce qu'il y a encore **du thé**? – Oui, ...
38. Est-ce qu'elle pense toujours **à ses problèmes**? – Non, elle .... jamais.
39. Maman vient **de la ville**.

40. Grand-père a déjà été **à l'église**.
41. Philippe pense toujours **à son travail**? – Oui, il ....
42. Vous avez **un jardin**? – Oui, j' ....
43. On va **sur la terrasse**? – Non, ... Il fait froid.
44. Vous écrivez **aux amis**? – Oui, nous ....
45. **Combien d'œufs** est-ce que tu prends? –
J' .... cinq.
46. Je t'accompagne **jusqu'au bout de la rue**.
47. Madame Pessaud habite **près de la gare**.
48. Le chat s'est caché **sous le lit**.
49. Ne va pas **à la fête**!
50. On va acheter **des tomates**? – Oui, achetez- .... !
51. Achète **deux baguettes**!
52. Qu'est-ce que vous pensez **de cette affaire**?
53. Tu as **des mouchoirs**? – Non, malheureusement ....
54. Va **à l'école** maintenant!
55. Tu prends **combien de sucre**? – J' .... 250 grammes.
56. Je pense **à ma chatte**.
57. Il ira travailler **en Allemagne**? – Non, ...
58. Vous avez envie d'aller **au ciné**? – Oui, nous ....
59. Elle téléphone **à sa mère**.
60. Pilou a perdu son chapeau. Il .... est très malheureux.
61. **Combien de sœurs** as-tu? – J' .... trois.
62. Tu aimes **les olives**? – Oui, ...
63. Tu manges **des olives**? – Oui, ...
64. Tu manges beaucoup **d'olives**? – Non, ...
65. On va **à la M.J.C.**? – Oui, ...
66. Tu veux encore rester **à la fête**? – Non, ...
67. Est-ce que vous parlez **de son nouveau film**? – Oui, ...
68. Fabienne a travaillé **au supermarché** cet été.
69. Quand est-ce que vous voulez partir **de Vienne**?
70. Vous êtes montés **à la tour Eiffel**? – Oui, ...
71. **Combien de pommes** est-ce que tu manges par jour? –
J' .... mange deux.
72. Elle montre sa nouvelle robe **à son amie**.
73. Elle ne veut plus penser **à cette situation**.
74. Pierre s'est bien amusé **à la fête**? – Oui, ...
75. Il doit rester **à la maison**? – Oui, ...
76. Tu as **combien de chats**? – J' .... deux.
77. Allez **dans vos chambres**, les enfants.
78. On n'ira plus **en Italie**? – Mais si, on .... encore.
79. Il te faut encore **du sel**? – Oui, ...
80. Est-ce qu'il a **beaucoup d'amies**? – Oui, ... beaucoup.

81. Tu as trouvé **des cartes postales**? – Non, ...
82. Qu'est-ce que tu penses **de son nouvel ami**?
83. Il désire aller **en Angleterre**.
84. Il va **en Italie** de temps en temps.
85. Offre-moi **du café**!
86. Offre **du café**!
87. **Combien de cassettes** est-ce que tu as? – J' .... 50.
88. Tu vas chercher **des sandwichs**? – Oui, ...
89. Tu ne prends pas **de thé**? – Non, ...
90. Monsieur Gabin habite **là-bas** depuis 5 ans.
91. Je ne fais jamais **de balades à vélo**.
92. On ne va plus **dans le nord de l'Angleterre**.
93. Elle a décidé de ne plus penser **à Jacques**.
94. Tu dois emporter **ta carte d'identité**.
95. Vous m'apportez **des journaux**?
96. Vous devez écrire **un dialogue**? – Oui, ...
97. Il ne réfléchit jamais **à ses problèmes**.
98. Je viens directement **du Portugal**.
99. Tu as été **à la piscine**, Maurice? – Oui, ...
100. Elle ne va pas chez **son grand-père** aujourd'hui.
101. Elle ne va pas chez **sa grand-mère**.
102. Tu as déjà été **au nouveau restaurant italien**? – Oui, ...
103. Vous pouvez m'emmener **au stade**? – Non, ...
104. Il ne peut plus rester **au bureau** parce qu'il est malade.
105. Est-ce que tu as **un CD de Montand**?
106. Il a trente ans et sa femme .... a vingt-neuf.
107. Tu me prêtes **ta bicyclette**? – Oui, ...
108. Il .... a qui disent que François a acheté encore **une maison**.
109. Tu as pensé **au cadeau pour papa**? – Oui, ...
110. Il veut bien aller **en Angleterre**.
111. François joue encore **du piano**?
112. Papa prépare un dîner délicieux **aux amis**.
113. Je préfère retourner **à la maison**.
114. S'il te plaît, ne me parle plus **de cette affaire**!
115. Elle s'est jetée **sur son lit**.
116. Il me parle **de ses expériences à l'étranger**.
117. Il ne veut plus penser **à cette situation affreuse**.
118. Papa vous attend **à la gare**.
119. Tu joues **au badminton**? – Oui, ...
120. Vous avez envie **d'aller au restaurant chinois ce soir**? – Oui, ...
121. Sa mère travaille **à la banque**.
122. Il a peur **de rester seul le soir**.
123. Je suis désolée **de vous avoir fait attendre**.

METS LES PRONOMS ET *Y*, *EN*

1. Nous rencontrons **nos amis** **à la M.J.C.**.
2. Je voudrais aller **en Italie** **avec Pierre**.
3. Elle a reçu **une lettre** **de sa tante**.
4. On va manger **au restaurant chinois** **avec nos parents**.
5. Maman a apporté **du thé** **à Marie**.
6. Oncle Marc donne **des bonbons** **aux enfants**.
7. Je veux parler **de nos vacances** **à mon mari**.
8. Tu as déjà vu **le nouvel objet exposé** **au Musée des Beaux Arts**? – Oui, ...
9. Tu as lu **cet article** **dans un journal**? – Non, ...
10. Vous mettez **du chocolat** **dans le gâteau**? – Non, ...
11. Apporte **les livres** **dans mon bureau**!
12. Ils sont allés **en ville** **avec maman**? – Oui, ...
13. Elle a préparé **un goûter** **pour les enfants**.
14. Est-ce qu'il y a encore **de la limonade**? – Oui, ...
15. **Madame Cassel** a expliqué **le chemin** **aux touristes**.
16. Tu as parlé **de cette situation** **à Claudine**? – Oui, ...
17. Il ne t'a pas encore rendu **ton livre**? – Non, ...
18. **Maman** a offert **du vin** **aux amis**.
19. Elle lit **des histoires** **à ses enfants**.
20. Vous avez pris **votre dîner** **dans la salle à manger**? – Oui, ...
21. Elle montre **la lettre** **à Paul**.
22. Nous avons vu **le nouveau film avec Nicolas Cage** **à la télé**.
23. Tu vas acheter **la voiture**?
24. Papa donne **les clés** **à Pierre**?
25. Tu vas voir **les Pugeol** cet après-midi?
26. Nous avons offert **un cadeau** **à Fabienne**.
27. Tu as déjà parlé **à Marc et Pilou** **de cette affaire**? – Oui, ...
28. On s'achète **un cornet de frites**? – Oui, ... !
29. **Maman** offre **un dessert délicieux** **aux invités**.
30. Montre **ta composition de français** **au prof**!
31. Elle vous a montré **son dessin**? – Non, elle ....
32. Elle a donné **son sac** **à Monsieur Gilot**.
33. Est-ce qu'elle met **les fleurs** **dans le vase en cristal**? – Oui, ...
34. Mets **les fleurs** **dans le vase en cristal**!
35. Donne-leur **ton adresse en France**!
36. Offre-lui **du thé**!
37. Elle lit **le poème français** **à Bertrand**.
38. Elle achète **les pommes** **au marché**.
39. Il faut préparer **des sandwichs** **aux enfants**.
40. Je voudrais envoyer **une carte postale** **à mes parents**.

LA PRÉPOSITION *DE*

1. Die häufigsten **Verben mit *de*:**

accepter **de**	*akzeptieren*
accuser **de**	*anklagen*
arrêter **de**	*aufhören*
cesser **de**	*aufhören*
changer **de**	*wechseln*
choisir **de**	*auswählen*
commander **de**	*beauftragen*
commencer **de***	*beginnen*
conseiller **de**	*anraten*
continuer **de***	*fortsetzen*
convenir **de**	*übereinkommen*
craindre **de**	*befürchten*
décider **de***	*beschließen*
défendre **de**	*verbieten*
demander à qn.**de**	*bitten*
dire **de**	*befehlen, sagen*
envisager **de**	*beabsichtigen*
discuter **(de)**/**sur**	*diskutieren*
empêcher **de**	*hindern*
essayer **de**	*versuchen*
éviter **de**	*vermeiden*
féliciter **de**	*beglückwünschen*
finir **de**	*beenden*
interdire **de**	*verbieten*
jouer **d'**un instrument	*I. spielen*
jouir **de**	*genießen*
jurer **de**	*schwören*
manquer **de**	*fehlen*
menacer **de**	*drohen*
mériter **de**	*verdienen*
mourir **de**	*sterben vor*

négliger **de**	*verabsäumen*
offrir **de***	*anbieten*
ordonner **de**	*befehlen*
oublier **de**	*vergessen*
parler **de****	*sprechen von*
penser **de***	*denken über*
permettre **de**	*erlauben*
persuader **de**	*überreden*
presser **de**	*(be)drängen*
prier **de**	*bitten*
profiter **de**	*be/ausnützen*
promettre **de**	*versprechen*
proposer **de**	*vorschlagen*
recommander **de**	*empfehlen*
refuser **de****	*sich weigern*
regretter **de**	*bedauern*
remercier **de/pour**	*danken*
reprocher **de**	*vorwerfen*
rêver **de**	*träumen von*
rire **de**	*lachen über*
risquer **de**	*riskieren*
souhaiter **de**	*wünschen*
suffir **de**	*ausreichen*
supplier **de**	*anflehen*
supposer **de**	*voraussetzen*
tâcher **de**	*versuchen*
tenir **de***	*jem. ähnlich sein*
tenter **de**	*versuchen*
traiter **de**	*beschimpfen als*
venir **de** chez qn.	*von jem.kommen*
venir **de** faire*	*soeben getan haben*

(voir aussi p 43)
**(voir aussi p 41/4)*

s'agir **de**	*sich handeln um*	se méfier **de**	*sich hüten vor*
s'apercevoir **de**	*bemerken*	se mêler **de**	*sich einmischen*
s'approcher **de**	*sich nähern*	se moquer **de**	*sich lustig machen*
s'arrêter **de**	*aufhören*	s'occuper **de***	*sich kümmern um*
se charger **de**	*auf sich nehmen*	se passer **de***	*auf etw. verzichten*
se contenter **de**	*s. zufriedengeben*	se plaindre **de**	*sich beklagen*
se débarasser **de**	*loswerden*	se presser **de**	*sich beeilen*
se dépêcher **de**	*sich beeilen*	se rappeler **de**	*sich erinnern*
se douter **de**	*etwas ahnen*	se réjouir **de**	*sich freuen über*
s'efforcer **de**	*sich zwingen*	se repentir **de**	*bereuen*
s'étonner **de**	*sich wundern*	se servir **de***	*s.bedienen; benützen*
s'excuser **de**	*sich entschuldigen*	se soucier **de**	*sich kümmern um*
(s')informer **de**	*(s.) informieren*	se souvenir **de**	*sich erinnern an*
se hâter **de**	*sich beeilen*	se vanter **de**	*sich rühmen*
se jouer **de**	*spotten über*	se venger **de****	*sich rächen*

*(voir aussi p 43)   **(voir aussi p 50)

Merke: Bei einigen Verben kann das **Infinitivobjekt mit *de*** durch **le / l'** ersetzt werden. Hier die wichtigsten:

accepter **de**	*akzeptieren*	ordonner **de**	*befehlen*
craindre **de**	*befürchten*	oublier **de***	*vergessen*
décider **de**	*beschließen*	permettre **de**	*erlauben*
demander **de**	*bitten*	promettre **de**	*versprechen*
essayer **de**	*versuchen*	proposer **de**	*vorschlagen*
éviter **de**	*vermeiden*	regretter **de**	*bedauern*
interdire **de**	*verbieten*	reprocher **de**	*vorwerfen*
jurer **de**	*schwören*	risquer **de**	*riskieren*
mériter **de**	*verdienen*	souhaiter à qn. **de**	*wünschen*

Exemples:

Il a accepté **de venir à huit heures**.	Il **l'**a accepté.
Elle va promettre **de nous aider**.	Elle va **le** promettre.
Je regrette **de t'avoir menti**.	Je **le** regrette.
J'ai oublié **de lui acheter un cadeau**.	Je **l'**ai oublié.
Tu lui souhaites **de réussir**?	Oui, je **le** lui souhaite de tout mon cœur.

*(voir aussi p 41/4)

2. Die häufigsten **Adjektive mit *de*:**

affligé **de**	*betrübt über*
capable **de**	*fähig zu*
certain **de**	*sicher*
charmé **de**	*entzückt über*
content **de**	*zufrieden mit*
curieux **de**	*neugierig*
dangereux **de**	*gefährlich*
déçu **de**	*enttäuscht*
désolé **de**	*untröstlich*
enchanté **de**	*entzückt über*
étonné **de**	*erstaunt*
fâché **de**	*verärgert*
fatigué **de**	*müde*
fier **de**	*stolz auf*

heureux **de**	*glücklich*
honteux **de**	*schändlich*
il est impoli **de**	*unhöflich*
inquiet **de** qc.	*besorgt sein*
libre **de**	*frei*
malheureux **de**	*unglücklich*
plein **de**	*voll von*
ravi **de**	*entzückt über*
soucieux **de**	*besorgt über*
sûr **de**	*sicher*
surpris **de**	*überrascht*
triste **de**	*traurig*
vexé **de**	*gekränkt*

3. Die wichtigsten **Redewendungen mit *de*:**

avoir besoin **de**	*brauchen*
avoir envie **de**	*Lust haben zu*
avoir hâte **de**	*es eilig haben*
avoir honte **de**	*sich schämen*
avoir la chance **de**	*Glück haben*
avoir la possibilité **de**	*Möglichkeit haben zu*
avoir l'air **de**	*scheinen*
avoir le courage **de**	*Mut haben*
avoir le désir **de**	*Wunsch haben*
avoir le droit **de**	*Recht haben zu*
avoir le temps **de**	*Zeit haben*
avoir l'énergie **de**	*Energie haben*
avoir l'espoir **de**	*Hoffnung haben*
avoir l'habitude **de**	*gewohnt sein*
avoir ordre **de**	*Befehl haben*
avoir peur **de**	*Angst haben vor*
avoir raison **de**	*Recht haben*

défense **de**	*Verbot*
être en mesure **de**	*imstande sein*
être en train **de**	*im Begriff sein*
être sur le point **de**	*im Begriff sein*
faire la connaissance **de**	*mit jem. Bekanntschaft machen*
faire le plaisir **de**	*den Gefallen tun*
faire part **de**	*von etwas Mitteilung machen*
faire partie **de**	*zu etwas gehören*
faire preuve **de**	*unter Beweis stellen*
prendre connaissance **de**	*zur Kenntnis nehmen*
prendre la peine **de**	*sich die Mühe machen*
se rendre compte **de**	*sich klar / bewußt werden*
tenir compte **de**	*etwas berücksichtigen*
C'est une honte (que) **de**	*Es ist eine Schande*
C'est une chose terrible (que) **de**	*Es ist eine tolle / schreckliche Sache*

Zusammengesetzte Hauptwörter:

la salle **de** bains	*Bad*
la salle **de** séjour	*Wohnzimmer*
la joie **de** vivre	*Lebensfreude*
l'art **de** peindre	*Malkunst*
la bouteille **de** vin*	*die Flasche Wein*

* *(voir aussi p 44)*

4. Weitere Konstruktionsmöglichkeiten:

oublier qc.:	J'ai oublié **ton anniversaire**.	Je **l'**ai oublié.
oublier **de faire** qc.:	J'ai oublié **de te souhaiter ton anniversaire**.	Je **l'**ai oublié.
refuser qc.:	Elle a refusé **son invitation**.	Elle **l'**a refusée.
refuser **de faire** qc.:	Il a refusé **de m'aider**.	Il **l'**a refusé.
parler de qc.:	J'ai parlé **de mes vacances**.	J'**en** ai parlé.
parler **de faire** qc.:	J'ai parlé **de partir en vacances**.	J'**en** ai parlé.

EN OU *LE / L'*

1. Elle a accepté **de nous aider le week-end**? – Oui, elle ....
2. Nicolas va promettre **d'arrêter de fumer**? – Oui, il ....
3. Vous avez essayé **de résoudre vos problèmes**? – Non, nous ....
4. Tu as essayé **de trouver Julien**? – Oui, je ....
5. Qu'est-ce que vous pensez **d'aller au ciné**? – Qu'est-ce que vous ....
6. Tu regrettes **d'avoir quitté Fernand**? – Oui, je ....
7. Il a parlé **de nous rendre visite**? – Oui, il ....
8. Tu l'as persuadé **de prendre le train à cinq heures**? – Oui, je ....
9. Marlène a oublié **d'informer ses parents**? – Oui, elle ....
10. Patrick s'occupe **de faire la cuisine**? – Oui, il ....
11. Tu crains **d'avoir perdu tes clés**? – Oui, je ....
12. Vous avez décidé **de partir plus tard**? – Oui, nous ....
13. Danièle a demandé **de sortir avec Pierre**? – Oui, elle ....
14. Tu te souviens **de l'avoir rencontré à Cannes**? – Oui, je ....
15. Joachim a évité **de rencontrer Bernadette**? – Oui, il ....
16. Papa nous a interdit **de rentrer après minuit**? – Non, il ....
17. Maurice a juré **de l'aimer pour toujours**? – Oui, il ....
18. Denise a mérité **de gagner un prix pour son travail**? – Oui, elle ....
19. Il s'est excusé **d'être en retard**? – Non, il ....
20. Elle leur a ordonné **de rester à la maison**? – Oui, elle ....
21. Inès a oublié **de fermer la porte**? – Oui, elle ....
22. Tes parents te permettent **d'aller à Paris seule**? – Oui, ils ....
23. Elle se plaint toujours **de ne pas avoir assez d'argent**? – Oui, elle ....
24. Tu me promets **d'apprendre pour ton examen**? – Oui, je ....
25. Gaston a proposé **de passer le week-end à la campagne**? – Non, il .....
26. Tu regrettes **d'avoir menti**? – Non, je ....
27. Fabien s'est chargé **de vous aider pendant les vacances**? – Oui, il ......
28. Il a promis **de venir à sept heures**? – Oui, il ....
29. Monique rêve **de faire un voyage en bateau**? – Oui, elle ....
30. Tu lui souhaites **de réussir**? – Oui, je ....
31. Vous risquez **d'être puni**? – Oui, je ....
32. Il rit **de s'être trompé**? – Oui, il ....
33. Marie l'a persuadé **de rester encore**? – Oui, elle ....
34. Il a évité **de faire un discours**? – Oui, il ....
35. Elle te reproche **d'avoir perdu la clé**? – Oui, elle ....
36. Anne rêve encore **d'acheter une maison à la plage**? – Oui, elle ....
37. Elle a essayé **de vous aider**? – Oui, elle ....
38. Tu t'es étonné **d'avoir vu David avec Julie**? – Oui, je ....
39. Elle s'est vengée **d'avoir perdu**? – Oui, elle ....
40. Richard vous a félicité **d'avoir gagné un prix**? – Oui, il ....

LA PRÉPOSITION *À*

1. Die häufigsten **Verben mit *à*:**

aider **à**	*helfen bei, fördern, beitragen*
accoutumer **à**	*gewöhnen an*
apprendre **à**	*lernen*
arriver **à**	*gelingen*
assister **à**	*teilnehmen*
autoriser **à**	*ermächtigen*
avoir **à** faire	*zu tun haben*
chercher **à**	*versuchen*
commencer **à***	*anfangen*
condamner **à**	*verurteilen*
consentir **à**	*in etwas einwilligen*
continuer **à***	*fortsetzen*
contribuer **à**	*beitragen*
croire **à**	*an etw. glauben*
décider qn **à***	*jem. dazu bewegen*
destiner **à**	*dazu bestimmen*
donner **à** faire	*zu tun geben*
échapper **à**	*entkommen*
employer **à**	*aufwenden*
être **à** faire	*zu tun sein*
forcer **à**	*zwingen*
hésiter **à**	*zögern*
insister **à**	*darauf bestehen*

inviter **à**	*einladen, auffordern*
jouer **à** un jeu	*ein Spiel spielen*
obliger **à**	*zwingen*
offrir **à** manger*	*zu essen anbieten*
parvenir **à**	*gelingen*
passer (une heure) **à****	*1Stunde lang tun*
passer son temps **à**	*Zeit verbringen*
penser **à***	*denken an*
persister **à**	*auf etw. beharren*
recommencer **à**	*wieder beginnen*
réfléchir **à**	*nachdenken*
renoncer **à**	*verzichten*
répondre **à**	*antworten*
ressembler **à**	*ähnlich sein*
rester **à** faire	*zu tun bleiben*
réussir **à**	*gelingen*
servir **à****	*dazu dienen*
songer **à**	*zu tun gedenken*
tarder **à**	*zögern*
tendre **à**	*dazu neigen*
tenir **à***	*Wert darauf legen*
venir **à** faire*	*zufällig tun*

* *(voir aussi p 38)* ** *(voir aussi p 39)*

s'accoutumer **à**	*sich gewöhnen an*
s'adapter **à**	*sich gewöhnen an*
s'amuser **à**	*gerne tun, sich vergnügen*
s'attendre **à**	*gefasst sein auf*
se décider **à***	*sich entschließen zu*
s'entendre **à**	*sich darauf verstehen*
s'habituer **à**	*sich gewöhnen*

s'intéresser **à**	*sich interessieren für*
se mettre **à**	*sich daranmachen*
s'occuper **à**	*sich damit beschäftigen*
se plaire **à**	*gern tun*
se préparer **à**	*sich vorbereiten*
se remettre **à**	*wieder anfangen*
se résoudre **à**	*sich entschließen zu*

2. Die häufigsten **Adjektive mit *à*:**

apte **à**	*geeignet zu*
attentif **à**	*aufmerksam*
bon **à**	*geeignet zu*
comparable **à**	*vergleichbar*
condamné **à**	*verurteilt zu*
conforme **à**	*entsprechend*
contraire **à**	*entgegengesetzt*
disposé **à**	*geneigt*
être habitué **à**	*gewöhnt sein*
être occupé **à**	*damit beschäftigt sein*

habile **à**	*geschickt*
impossible **à**	*unmöglich*
indifférent **à**	*gleichgültig*
lent **à**	*langsam*
long **à**	*lange*
prêt **à**	*bereit*
prompt **à**	*rasch bereit*
propre **à**	*geeignet für*
sensible **à**	*empfindlich*
utile **à**	*nützlich zu*

3. Die häufigsten **Nomen mit *à*:**

le dernier / la dernière **à**	*der/die Letzte*
le premier / la première **à**	*der/die Erste*
le seul / la seule **à**	*der/die Einzige*
la salle **à** manger	*Esszimmer*
la chambre **à** coucher	*Schlafzimmer*
une machine **à** laver	*Waschmaschine*
une machine **à** écrire	*Schreibmaschine*
le sac **à** dos	*Rucksack*
une situation **à** désespérer	*eine Situation zum Verzweifeln*
avoir mal **à** la tête	*Kopfweh haben*
avoir mal **à** l'estomac	*Magenweh haben*
avoir mal **au** genou	*Knieweh haben*
la bouteille **à** vin*	*Weinflasche (Gefäß)*

* *(voir aussi p 41)*

DE OU À

1. David est décidé .... tout entreprendre.
2. Il nous a défendu .... monter sur la tour.
3. Tu t'es décidée .... venir, Marie?
4. Je lui ai demandé .... m'accompagner.
5. Tout à coup il a commencé .... pleuvoir.
6. Il faut se débarasser .... préjugés.
7. Denis nous a invité .... collaborer.
8. Il parle .... partir en France.
9. On a parlé .... nos correspondants.
10. Ça sert .... quoi?
11. Guylaine est déjà habituée .... l'accent autrichien.
12. Dépêche-toi! Il reste beaucoup de travail .... faire.
13. Bertrand s'est vengé .... Pierre.
14. Son plan est impossible .... réaliser.
15. Mon père a toujours dit qu'il est impoli .... parler sans être interrogé.
16. Je meurs .... faim.
17. Henri est lent .... comprendre.
18. Sophie a l'air .... aimer Fernand.
19. Je vais demander .... Lucien .... m'aider.
20. Anne est lente .... faire ses devoirs.
21. Il est dangereux .... rouler trop vite.
22. Nous avons passé la soirée .... regarder la télé.
23. J'ai envie .... rire.
24. J'ai pensé .... acheter du pain.
25. Je suis sûr .... la revoir un jour.
26. Il s'adapte bien .... la nouvelle situation.
27. Elle tient .... sa mère.
28. Tout à coup elle s'est décidée .... partir.
29. Elle m'a prié .... attendre.
30. Tu as raison .... te plaindre.
31. Je me suis chargé .... faire la vaisselle.
32. Elle s'amuse .... faire des bêtises.
33. J'ai encore dix pages .... lire.
34. Il m'a dit .... l'attendre.
35. Monique ne s'intéresse pas .... la cuisine.
36. Notre prof est difficile .... tromper.
37. Ces pommes de terre sont longues .... cuire.
38. Je tiens .... ne pas être en retard.
39. Tu t'occupes .... acheter du pain?
40. Je commence .... prendre froid.

41. Tu risques .... perdre un ami.
42. Marc s'est décidé .... inviter Claire.
43. Maxime nous a demandé .... venir avec lui.
44. Nous croyons .... son innocence.
45. Il faut s'habituer .... la nouvelle situation.
46. Il a fini .... expliquer cet article.
47. Jacques est toujours prompt .... nous aider.
48. J'ai un article de journal .... faire.
49. Je viens .... ranger ma chambre.
50. Il n'a rien .... dire.
51. Je me suis étonné .... sa lettre.
52. Le journaliste presse le maire .... questions.
53. Il s'est efforcé .... sourire.
54. Madame Lefèvre s'est remise .... enseigner.
55. Tu risques .... tomber malade.
56. Il ne suffit pas .... dire «merci».
57. Il reste .... faire la vaisselle.
58. C'est trop long .... raconter.
59. Tu as le droit .... t'en aller.
60. Nous sommes curieux .... savoir s'il est venu.
61. Les amis ont promis .... être à l'heure.
62. Elle n'a pas encore répondu .... ma question.
63. Je suis désolée .... vous avoir fait attendre.
64. Ils ont discuté .... leurs problèmes.
65. Pilou nous a offert .... boire.
66. Il a proposé .... nous aider.
67. Je viens .... chez lui.
68. Méfie-toi .... ce chien!
69. Tu mérites .... être puni!
70. Il a accepté .... nous aider cet après-midi.
71. Elle envisage .... faire ce voyage seule.
72. Mon frère joue .... la flûte.
73. Anne a cherché .... nous expliquer la recette.
74. Jean a tenté .... cacher la vérité.
75. Marcel s'est attendu .... cette nouvelle.
76. Julie rêve .... être une actrice connue.
77. Il n'arrive pas .... nous expliquer la règle.
78. Nous sommes en train .... faire nos valises.
79. Daniel a choisi .... passer ses vacances en France.
80. Nous nous sommes dépêchés .... aller à la gare.
81. Les enfants se sont amusés .... jouer aux billes.
82. Marlène est la seule .... rester.
83. Papa nous a proposé .... aller à la campagne.

DE OU *Á*

1. Manche Verben / Adjektive können **beide** Präpositionen nach sich haben:

décider **de** *beschließen*	se décider **à** *sich entschließen zu* être décidé **à** *entschlossen sein zu* décider qn. **à** faire qc. *jemanden veranlassen zu*
demander **de** *jemand anderen bitten, etwas zu tun*	demander **à** *bitten, selbst etwas tun zu dürfen*
s'occuper **de** *sich kümmern um*	s'occuper **à** *sich damit beschäftigen*
Il me plaît **de** *Es gefällt mir*	se plaire **à** *gern tun* plaire **à** qn. *jemandem gefallen*
Il est / C'est agréable **de** *Es ist angenehm (unpersönliche Form)*	un livre agréable **à** lire
Il est / C'est difficile **de** *Es ist schwierig (unpersönliche Form)*	un livre difficile **à** lire un poème difficile **à** comprendre
Il est / C'est facile **de** *Es ist leicht (unpersönliche Form)*	une chanson facile **à** chanter
Il est / C'est impossible **de** *Es ist unmöglich (unpersönliche Form)*	un plan impossible **à** réaliser
être obligé **de** faire qc. *verpflichtet sein*	obliger qn. **à** faire qc. *jemanden drängen zu*
être forcé **de** *gezwungen sein*	forcer qn. **à** faire qc. *jemanden zwingen zu*
se mêler **de** *sich einmischen*	se mêler **à** la foule *sich unter die Leute mischen*
jouer **d'**un instrument *ein Instrument spielen*	jouer **à** un jeu *ein Spiel spielen*
tenir **de** *jemandem ähnlich sein, nachgeraten*	tenir **à** *Wert legen auf, etwas halten von*

penser **de**	*denken über*	penser **à**	*denken an*
offrir **de**	*vorschlagen, anbieten*	offrir **à** manger / boire	*zu essen / trinken anbieten*
venir **de** faire qc.	*soeben etwas getan haben*	venir **à** faire qc.	*etwas zufällig tun*

2. ***Á*** und ***de*** sind **ohne Bedeutungsunterschied** möglich bei:

continuer **à** / **de**	*fortsetzen*	*continuer **à** / commencer **à** werden*
commencer **à** / **de**	*beginnen*	*in der **Umgangssprache** häufiger verwendet.*
faire attention **à** / **de**	*darauf achten*	

3. Verben mit ***de*** oder ***à***, ***en*** oder ***ohne*** Präposition:

changer *sich (ver)ändern; Geld wechseln*

changer les idées à qn.	*jem. auf andere Gedanken bringen*
changer un pneu à sa bicyclette	*einen Reifen bei seinem Rad wechseln*
changer un billet de 10 dollars	*10 Dollar wechseln*
changer les draps	*die Betten frisch beziehen*

se changer *sich umziehen*

changer **de** ***an sich selbst*** *etwas verändern (Kleidung, Meinung, Wohnsitz...)*

changer **de** vêtements	*Kleidung wechseln, sich umziehen*
changer **de** linge	*Wäsche wechseln*
changer **d'**avis	*Meinung ändern*
changer **de** direction	*Richtung ändern*
changer **de** train	*umsteigen*
changer **de** place	*Platz wechseln*
changer **de** résidence	*Wohnsitz wechseln*
changer **de** vitesse	*schalten (beim Auto)*
changer **d'**adresse	*Adresse ändern*

servir *servieren, dienen*

servir **de** + Nomen	*benützen als*	servir **à** + Infinitiv	*dienen zu*
		servir **à** manger	*zu essen bringen*

croire qn. / qc.	*jemandem / etwas glauben, Glauben schenken*
croire qn. sur parole	*jemandem aufs Wort glauben*
croire **à** qn. / qc.	*jemandem / etwas vertrauen; an seine Existenz glauben*
croire **à** son ami	*seinem Freund vertrauen*
croire **aux** médecins	*an die Ärzte glauben, den Ärzten vertrauen*
croire **au** Père Noël	*an den Weihnachtsmann glauben*
croire **à** sa promesse	*an sein Versprechen glauben*
croire **à** l'avenir	*an die Zukunft glauben*
croire **à** son innocence	*an seine Unschuld glauben*
croire **à** sa sincérité	*an seine Aufrichtigkeit glauben*
croire **en** Dieu / **en** Jésus Christ	*an Gott / Jesus Christus glauben*
user qc.	*etwas abnutzen, verbrauchen*
user **de**	*benützen, anwenden*
manquer	*fehlen*
manquer son occasion	*seine Gelegenheit verpassen*
manquer sa vocation	*seinen Beruf verfehlen*
manquer sa vie	*sein Leben verpfuschen*
manquer le but	*das Ziel verfehlen; am Tor vorbeischießen*
manquer le ballon	*den Ball nicht fangen können*
manquer à l'école	*in der Schule fehlen*
Un bouton manque à mon manteau.	*Ein Knopf fehlt an meinem Mantel.*
Il manque un bouton à ta veste.	*Es fehlt ein Knopf an deiner Jacke.*
manquer le train	*den Zug versäumen*
Il n'a rien manqué.	*Er hat nichts versäumt.*
Les mots me manquent.	*Mir fehlen die Worte.*
manquer **à**	*vernachlässigen, verletzen*
manquer **à** ses devoirs	*seine Pflichten verletzen*
manquer **à** sa parole	*sein Wort nicht halten*
manquer **de**	*Mangel haben an*
manquer **d'**argent	*nicht genug Geld haben*
manquer **d'**expérience	*nicht genug Erfahrung haben*
manquer **d'**eau	*Wassermangel haben*

VERBES ET ADJECTIFS AVEC D'AUTRES PRÉPOSITIONS, LOCUTIONS PRÉPOSITIVES OU CONJONCTIONS

commencer **par** faire	*damit anfangen zu tun*
finir **par** faire	*schließlich tun*
être aidé **par**	*unterstützt werden von*
venir **pour** faire	*kommen um zu tun*
passer **pour**	*gelten als*
prendre **pour**	*(irrtümlich) halten für*
remercier **pour / de**	*danken für*
tenir **pour**	*halten für*
désigner **pour**	*bestimmen zu*
choisir **pour**	*wählen zu / als*
venir **sans** faire	*kommen ohne zu tun*
traiter **avec** qn. **sur** qc.	*mit jem. über etwas verhandeln*
traiter qn. **en** ami	*als Freund behandeln*
traiter qn. **comme** un chien	*wie einen Hund behandeln*
traiter qn. **de** menteur	*jemanden einen Lügner nennen*
traiter qn. **de** fou	*jemanden einen Verrückten nennen*
traiter qn. **de** tous les noms	*jem. mit allen mögl. Schimpfnamen benennen*
regarder **comme**	*betrachten als*
considérer **comme**	*betrachten als*
réfléchir **avant de** parler	*nachdenken bevor man etwas sagt*
réfléchir **sur**	*über etwas nachdenken*
Réfléchis **à** <u>ce que</u> tu dis!	*Denk darüber nach, was du sagst!*
jouer **au lieu de** travailler	*spielen anstatt zu arbeiten*
se plaire **avec** qn.	*gern mit jemandem zusammen sein*
venir **afin de** faire	*kommen um zu tun*
se venger **de** qn. **pour** qc.	*sich an jemandem für etwas rächen*
discuter **sur** / **de**	*diskutieren über*
pauvre **en** / riche **en** (charbon)	*arm an / reich an (Kohle)*
haut **de** / long **de** 12 **mètres**	*12 m hoch / 12 m lang*

METS LES PRÉPOSITIONS OU LES LOCUTIONS PRÉPOSITIVES QUI CONVIENNENT

1. Je me suis décidé .... partir tôt.
2. Dépêche-toi, ou tu vas manquer .... l'avion.
3. Sylvie a commencé .... jouer .... la guitare.
4. Elle manque toujours .... argent.
5. Je crois .... Pierre sur parole.
6. Nicole se plaît .... ses amies.
7. Il sait user .... ses privilèges.
8. .... quoi vous mêlez-vous?
9. Mireille a changé .... résidence en mai.
10. Il tient beaucoup .... sa famille.
11. On doit se passer .... lui, parce qu'il ne peut pas venir.
12. .... quoi ça sert?
13. On commence .... rire et on finit .... pleurer.
14. Tu as manqué .... ta parole.
15. C'est agréable .... l'écouter avec sa voix sonore.
16. Il ne peut pas se passer .... cigarettes.
17. Il croit toujours .... avoir raison.
18. Il a manqué .... le métro.
19. Elle est devenue prof, mais elle a vraiment manqué .... sa vocation.
20. Il a décidé .... faire le voyage seul.
21. Gaston ne peut pas venir. Il doit s'occuper .... son petit frère.
22. Il manque .... un bouton à ma veste.
23. Son rêve est impossible .... réaliser.
24. Fernand joue .... tennis.
25. Tu peux croire .... sa promesse.
26. Monsieur Bibaut passe .... un homme sérieux.
27. Il me manque .... 50 Euros.
28. Je crois .... un avenir heureux.
29. Monsieur le directeur a décidé Monsieur Gabin .... voyager.
30. Pierre manque .... talent, si tu me demandes.
31. Sa voix est agréable .... écouter.
32. C'est difficile .... l'aider.
33. Monsieur Pujol sert .... la soupe.
34. La petite Claudine tient .... sa mère.
35. Pilou, fais attention .... ne pas tomber!
36. Il demande .... sortir.
37. Tu peux changer .... un billet de 10 Euros?
38. Il a récité un poème difficile .... comprendre.
39. Les pays d'Afrique manquent .... eau.

40. Cette chanson est facile .... chanter.
41. Il a forcé les habitants .... déménager.
42. Qu'est-ce que tu penses .... son idée?
43. Elle croit .... Dieu.
44. J'ai usé .... mes chaussures.
45. Je vous demande .... écrire cette lettre.
46. Il est facile .... faire ce gâteau.
47. Il m'a obligé .... lui prêter la voiture.
48. Je le connais. Il est décidé .... tout.
49. Nadine est obligée .... rentrer à minuit.
50. Tu te mêles toujours .... mes affaires!
51. Papa s'occupe .... acheter les boissons.
52. Il faut changer .... train à Strasbourg.
53. Nous sommes aidés .... Monsieur Legrand.
54. Paul aime se mêler .... la foule.
55. Voilà la chambre qui me sert .... bureau.
56. Ce livre est agréable .... lire?
57. Madame Legrand est venue .... nous rendre visite.
58. Je crois .... son innocence.
59. Il ne faut pas user .... gros mots.
60. Ce voyage est impossible .... réaliser.
61. Il a fini .... expliquer sa situation.
62. Ils ont discuté .... leurs problèmes.
63. .... quoi sert ce truc-là?
64. On manque .... pain.
65. Il vient .... ranger ses affaires.
66. Il a décidé .... faire un voyage.
67. Tu es toujours occupé .... rédiger des poèmes?
68. Pense .... mes timbres, s'il te plaît.
69. Veux-tu changer .... place avec moi?
70. Elle nous a servi .... boire.
71. Il est impossible .... acheter les tableaux.
72. Est-ce que je dois changer .... train?
73. Il lui plaît .... être invité.
74. Il est forcé .... lui dire la vérité.
75. La cuiller sert .... manger la soupe.
76. Elle m'a invité .... passer mes vacances dans sa maison de campagne.
77. Sors avec nous, ça va te changer .... les idées.
78. Je crois qu'il manque encore .... expérience.
79. Le petit Maxime croit .... Père Noël.
80. Un morceau de bois lui sert .... bateau.
81. Je le prends .... un homme sérieux.
82. Réfléchis .... parler.

VERBES SANS PRÉPOSITION

Der **reine Infinitiv** steht nach Verben der **sinnlichen Wahrnehmung**, des **Denkens**, **Sagens, Wünschens**, **Hoffens**, der **Bewegung**, und den **Modalverben**:

1. Verben der **sinnlichen Wahrnehmung**:

apercevoir	*bemerken, sehen*	se rappeler	*sich erinnern*
écouter	*zuhören*	sembler	*scheinen*
entendre	*hören*	il semble	*es scheint*
paraître	*scheinen*	sentir	*fühlen*
il paraît	*es scheint*	s'imaginer	*sich vorstellen*
regarder	*ansehen*	voir	*sehen*
savoir	*wissen*		
il fait bon	*es ist angenehm*	**Merke**:	Je te vois venir!
il fait mauvais	*es ist unangenehm; es ist schlechtes Wetter*		*Ich sehe, worauf du hinauswillst!*

2. Verben des **Sagens**, **Denkens**, **Behauptens** und **Glaubens**:

admettre	*zugeben*	présumer	*vermuten*
affirmer	*behaupten*	prétendre	*behaupten, vorgeben*
assurer	*versichern*	savoir	*wissen, können*
avouer	*zugeben*	se figurer	*sich vorstellen, einbilden*
compter	*rechnen mit, beabsichtigen*	se rappeler	*sich erinnern*
croire	*glauben (voir aussi p 49)*	s'imaginer	*sich vorstellen, einbilden*
déclarer	*erklären, bekanntgeben*	supposer	*vermuten*

dire *sagen* **Aber**: Dis-lui **de** venir à 8 heures. *(Bitte, Befehl)*

penser *denken* **Aber**: Pense **à** écrire la lettre!
daran denken, nicht zu tun vergessen
penser **de** *denken über*

3. Verben des **Wünschens, Hoffens**, der **Absicht**:

adorer	*für sein Leben gern tun*	espérer	*hoffen*
aimer	*gern haben*	oser	*wagen*
aimer mieux	*lieber haben*	préférer	*vorziehen*
compter	*vorhaben*	prétendre	*vorhaben; behaupten*
désirer	*ersehnen, wünschen*	souhaiter *	*wünschen*
détester	*verabscheuen*		
avoir beau faire	*vergeblich tun*		

*(voir aussi p 39)

4. Verben der **Bewegung**:

aller	*gehen*	envoyer	*senden, schicken*
s'en aller	*weggehen*	entrer	*eintreten*
courir	*laufen*	monter	*hinaufsteigen*
descendre	*hinuntergehen*	partir	*weggehen*
emmener	*mitnehmen*	passer	*fahren, vorbeikommen*
retourner	*zurückgehen*	rentrer	*zurückkehren*
venir	*kommen*	revenir	*zurückkommen*

Aber:

venir **de** faire	*soeben getan haben*	*(voir aussi p 48)*
venir **à** faire	*zufällig tun*	*(voir aussi p 48)*

Merke:

aller / venir chercher	*(ab)holen*
aller / venir prendre	*holen*
aller / venir trouver	*aufsuchen*
aller / venir voir	*besuchen*
envoyer chercher	*holen lassen*
envoyer promener	*den Laufpass geben, abweisen*

5. **Modalverben**:

pouvoir	*können*	il faut	*man muss*
devoir	*müssen*	il vaut mieux	*es ist besser*
vouloir	*wollen*	il vaut autant	*es ist ebenso gut*
laisser	*(zu)lassen*	faire	*machen, veranlassen*

Aber:

laisser **à** désirer	*zu wünschen übrig lassen*
laisser **à** penser	*zu denken geben*

À COMPLÉTER SI NÉCESSAIRE

1. Philippe s'est vengé .... Paul .... avoir menti.
2. Je n'ose pas .... lui dire la vérité.
3. Je te souhaite .... une bonne année.
4. On a regardé .... tomber la neige.
5. Nous te demandons .... ne pas rentrer trop tard.
6. Laisse-nous .... aller à la boîte.
7. Il dit .... avoir vu Marcel.
8. Il a accepté .... ne pas manger dans la salle de séjour.
9. Tu te rappelles .... son adresse?
10. Il a demandé .... prendre congé.
11. J'espère .... te revoir, Guylaine.
12. Il ne déclare jamais .... ses intentions.
13. Elle l'a traité .... fou.
14. Il me semble .... avoir vu Monsieur Clotaire à Cannes.
15. Faites .... entrer Madame Ledoux, s'il vous plaît.
16. Papa est allé .... chercher de la bière.
17. Je regrette .... partir maintenant.
18. Elle sait se faire .... écouter.
19. J'ai entendu .... dire qu'il est déjà parti.
20. Dites-leur .... prendre le train à sept heures.
21. Que prétends-tu .... faire?
22. Tu oses .... contredire?
23. Elle a supposé .... le rencontrer à l'hôtel.
24. Je souhaite .... vous revoir.
25. Elle désire .... vous voir.
26. Il pense .... être un bourreau des cœurs.
27. Yves a admis .... avoir volé l'argent.
28. Il nous a conseillé .... prendre le métro.
29. Tiens, Louise a envoyé .... promener Paul.
30. Elle veut .... réussir dans la vie.
31. Ses mots laissent .... penser.
32. Ne laisse .... venir personne.
33. Il est venu .... parler .... cette affaire.
34. Son comportement laisse .... désirer.
35. Pense .... écrire la lettre!
36. Le petit Pilou a appris .... nager.
37. Il vaut mieux .... s'en aller maintenant.
38. Guy est venu .... voir sa grand-mère.
39. Nous préférons .... aller au restaurant chinois ce soir.
40. Il a déclaré .... se marier avec Julie.
41. Il nous reproche .... avoir dépensé trop d'argent.

COMBIEN DE
wieviel,-e

Achtung: Im **passé composé** muss das Partizip in **Zahl** und **Geschlecht** nach ***combien de*** **mit dem Nomen, auf das es sich bezieht, übereingestimmt** werden, sowohl in der **direkten** als auch als auch in der **indirekten Frage**.
Die Übereinstimmung muss nur erfolgen,
wenn ***combien de*** **vor** dem Verb steht.

Exemples:

Interrogation directe: *(direkte Frage, mit Fragezeichen)*

Combien de farine est-ce que maman a pris**e**?
Combien d'eau est-ce qu'elle a bu**e**?
Combien de crêpes est-ce que tu as pris**es**?
Combien de pommes est-ce que vous avez acheté**es**?
Combien d'amies est-ce qu'il a invité**es**?
Combien de photos est-ce que papa a pris**es**?
Combien de personnes est-ce que vous avez vu**es**?
Combien de mètres est-ce que tu as acheté**s**?

Aber: Keine Übereinstimmung, wenn ***combien de*** **nach** dem Verb steht.

Tu as pris combien de farine?
Tu as mangé combien de pommes?
Elle a bu combien d'eau?

Interrogation indirecte: *(indirekte Frage)*

Je ne sais pas **combien de** pommes de terre il a mangé**es**.
Dis-moi **combien de** hamburgers elle a acheté**s**.
Papa veut savoir **combien de** films tu as vu**s**.
Il demande aux amis **combien de** photos ils ont pris**es**.
Il voudrait savoir **combien de** fautes il a fait**es**.

LE PRONOM OBJET DIRECT AVEC LE PASSÉ COMPOSÉ

1. Die **direkten Objektspronomen** ***me, te, le, la, nous, vous, les*** und das **Relativpronomen** ***que*** treten <u>**vor**</u> das **konjugierte Verb** ***avoir***.

Frage: **wen** oder **was? (4. Fall)**

Achtung: Das **Partizip Perfekt** wird mit dem **vorangestellten pronom objet direct** in Geschlecht und Zahl **übereingestimmt**.

Exemples:

Elle **m**'a regardé(**e**).
Il **t**'a cherché, Paul.
Il **t**'a cherché**e**, Nicole.
Ils **nous** ont vu(**e**)**s**.
Tu as invité Marie? – Oui, je **l**'ai invité**e**.
Vous avez pris la tarte? – Oui, je **l**'ai pris**e**.
Tu as acheté les pommes? – Oui, je **les** ai acheté**es**.
Il a fait ses exercices? – Oui, il **les** a déjà fait**s**.
Maman a vu l'exposition? – Non, elle ne **l**'a pas encore vu**e**.
Elle **t**'a entendu**e**, Nathalie?
On **vous** a déjà appelé**e**, Madame.
<u>Les oranges</u> **que** tu as acheté**es** sont bonnes.
Voilà <u>les livres</u> **qu**'il a lu**s**.
J'ai trouvé <u>la clé</u> **que** tu as cherché**e**.

2. Die **direkten Objektspronomen** ***me, te, le, la, nous, vous, les*** treten <u>**vor**</u> den **Infinitiv**.

Exemples:

Il a pu **t'*aider***?
Elle a voulu **les *voir***.
J'ai voulu **l'*inviter***.
J'ai dû **le *payer***.
Elle a su faire le gâteau? – Oui, elle a su **le *faire***.
Ils sont venus **nous *voir***.
Elle est passée **vous *raconter*** des nouvelles.

3. Die **direkten Objektspronomen** ***me, te, le, la, nous, vous, les*** treten **vor** ***avoir*** wenn **nach folgenden Verben** ein **Infinitiv folgt**:

écouter
entendre
voir
regarder
laisser
faire *(veranlassen)*
envoyer
sentir *(fühlen, spüren)*

Exemples:

Elle **les** a regardé**s** jouer (les enfants).
Je **l**'ai entendu**e** parler (Nicole).
Elle **m**'a vu(**e**) venir.
Ils **nous** ont laissé**es** sortir (Béatrice et moi).
Elle **t**'a envoyé**e** chercher la clé, Sylvie?
Je **l**'ai senti**e** venir (Fabienne).
Je **l**'ai vu**e** travailler dans le jardin (ma voisine).

Achtung: Bei **faire** *(veranlassen)* + **Infinitiv** wird **nie übereingestimmt**!

Elle **nous** a fait écrire la lettre.
Maman **m**'a fait préparer le goûter.
Je **l**'ai fait venir.
Il **nous** a fait travailler plus vite.

RÉPONDS, METS LES PRONOMS ET FAIS L'ACCORD SI NÉCESSAIRE

1. Tu as écrit la lettre? – Oui, je ....
2. Vous avez vu les photos? – Oui, nous ....
3. Maman a regardé les enfants jouer? – Oui, elle ....
4. Est ce que tu as invité tes amies? – Oui, je ....
5. Elle a préparé les desserts? – Non, elle ....
6. Il a lu ta lettre? – Oui, il ....
7. Elle a acheté les baguettes? – Oui, elle ....
8. Tu as déjà trouvé la clé? – Oui, je ....
9. Il a fumé sa pipe? – Non, il ....
10. Il a voulu voir ses enfants? – Oui, il ....
11. Les parents ont entendu venir Nicole? – Oui, ils ....
12. Papa a fait faire nos devoirs. – Oui, il ....
13. Il a vu venir Nathalie? – Oui, il ....
14. Pilou a déjà réparé sa bicyclette? – Non, il ....
15. Il a envoyé Barbara chercher des fleurs? – Oui, il ....
16. Ils ont dû payer les livres? – Oui, ils ....
17. Vous avez attendu vos amies? – Oui, nous ....
18. Elle a cassé l'assiette? – Oui, elle ....
19. Vous avez regardé les photos? – Non, nous ....
20. Ils ont apporté les fleurs? – Oui, ils ....
21. Elle a fait la crème? – Oui, elle ....
22. Il a pris la voiture de papa? – Non, il ....
23. Tu as pu passer les films? – Oui, j' ....
24. Elle a su faire les tartes? – Oui, elle ....
25. Tu as invité tes cousines? – Non, je ....
26. Elle a voulu acheter la voiture? – Oui, elle ....
27. Maman a laissé partir les filles? – Oui, elle ....
28. On a vu Marie traverser la rue? – Oui, on ....
29. Elle a choisi la Ford? – Non, elle ....
30. Tu as rencontré ta cousine? – Oui, je ....
31. Le prof a fait venir les élèves? – Oui, il ....
32. Ils ont écouté l'histoire? – Non, ils ....
33. Elle a quitté la maison? – Oui, elle ....
34. Vous avez déjà commandé vos bières? – Oui, nous ....
35. Vous avez oublié vos parapluies? – Non, nous ....
36. Tu as aidé ta sœur? – Oui, je ....
37. Tu as compris cette question? – Oui, je ....
38. Elle a posé les questions? – Non, elle ....
39. Elle a oublié ses clés? – Oui, elle ....

LE PRONOM OBJET INDIRECT AVEC LE PASSÉ COMPOSÉ

Voir d'abord ☺ **I** p 84.

Frage: **wem? (3. Fall)**

Achtung: Die Pronomen ***me, te, nous, vous*** können auch **3. Fall** sein.
In diesem Fall wird das **Partizip Perfekt** **nicht** **übereingestimmt**. Es bleibt **unverändert**.
Keine Übereinstimmung auch nach **lui / leur**.

Sie stehen wie die **pronoms objets directs**:

1. vor dem konjugierten Verb ***avoir***

Exemples:

Il **m'**a donné son cahier.	*(donner **à** qn.= jemandem geben = 3. Fall)*
Elle **nous** a offert un gâteau.	*(offrir **à** qn. = jemandem anbieten = 3. Fall)*
Je **vous** ai déjà écrit.	*(écrire **à** qn. = jemandem schreiben = 3. Fall)*
Il **m'**a parlé.	*(parler **à** qn. = mit jemandem sprechen = 3. Fall)*
Il **lui** a montré ses timbres.	*(montrer **à** qn = jemandem zeigen = 3. Fall)*
Elle **leur** a apporté des fleurs.	*(apporter **à** qn. = jemandem bringen = 3. Fall)*
Elle **t'**a demandé ton adresse?	*(demander **à** qn. = j. eine Frage stellen = 3. Fall)*

2. vor dem **Infinitiv**

Il est venu **me *dire*** la vérité.	*(dire **à** qn. = zu jemandem sagen = 3. Fall)*
Elle a dû **vous *écrire***.	*(écrire **à** qn. = jemandem schreiben = 3. Fall)*
Je n'ai pas pu **te *téléphoner***.	*(téléphoner **à** qn. = mit j. telefonieren = 3. Fall)*
Vous avez voulu **nous *parler***.	*(parler **à** qn. = mit j. sprechen = 3. Fall)*
Il est venu **m'*apporter*** des fleurs.	*(apporter **à** qn. = jemandem bringen = 3. Fall)*
Elle a pu **lui *téléphoner***.	*(téléphoner **à** qn. = mit jemandem telefonieren)*
Elle est passée **nous *demander*** pardon.	*(demander **à** qn. = 3. Fall)*

L'ACCORD DU PARTICIPE PASSÉ
Übereinstimmung des Partizips Perfekt

1. Das **passé composé** mit **être** wird mit dem **Subjekt** übereingestimmt: ☺ **I** p 87, ☺ **II** p 3-5

Elle **est** allé**e** à la boulangerie.
Ils **sont** venu**s** à trois heures.
Monique et Fabienne **sont** déjà arrivé**es**.

2. Die **rückbezüglichen Verben** im **passé composé** werden mit dem **Subjekt** übereingestimmt. ☺ **II** p 74

Ils **se sont** marié**s** en hiver.	*Sie haben im Winter geheiratet.*
Elle **s'est** lavé**e**.	*Sie hat sich gewaschen.*
Ils **se sont** souvenu**s** de Paul.	*Sie haben sich an Paul erinnert.*
Marie **s'est** promené**e** l'après-midi.	*Maria ist am Nachmittag spazieren gegangen.*
Elles **se sont** levé**es**.	*Sie sind aufgestanden.*
Elle **s'est** regardé**e** dans le miroir.	*Sie hat sich im Spiegel angesehen.*
Tu **t'es** ennuyé**e**, Nadine?	*Hast du dich gelangweilt, Nadine?*

Achtung 1: Steht ein **Objekt im 4. Fall** <u>nach</u> dem rückbezüglichen Verb, wird **nicht** übereingestimmt!

Beachte den Unterschied:

Elle **s'est** lavée.
*Sie hat **sich** gewaschen. (4.Fall)*
Es wird übereingestimmt.

Elle **s'est lav<u>é</u>** *<u>les cheveux</u>*.
Sie hat sich (3.Fall) <u>die Haare</u> (4.Fall) gewaschen.
<u>Nach</u> dem Verb steht ein <u>O4</u>. <u>Nicht</u> übereinstimmen!

Elles **s'est arrang<u>é</u>** *<u>les cheveux</u>*.
Sie hat sich (3.Fall) <u>die Haare</u> (4.Fall) gerichtet.
<u>Nach</u> dem Verb steht ein <u>O4</u>. <u>Nicht</u> übereinstimmen!

Marie **s'est cass<u>é</u>** *<u>la main</u>*.
Sie hat sich (3.Fall) <u>die Hand</u> (4.Fall) gebrochen.
<u>Nach</u> dem Verb steht ein <u>O4</u>. <u>Nicht</u> übereinstimmen!

Achtung 2: Steht jedoch ein **4. Fall** als Pronomen vor dem Verb, wird **übereingestimmt**!

Elle se **les** est lavé**s** (les pieds). — *Sie hat sie sich gewaschen.*
4.Fall steht vor dem Verb.
Es wird übereingestimmt.

Elle se **les** est arrangé**s** (les cheveux). — *Sie hat sie sich gerichtet.*
4.Fall steht vor dem Verb.
Es wird übereingestimmt.

Il se **l**'est cassé**e** (la jambe). — *Er hat es sich gebrochen.*
4.Fall steht vor dem Verb.
Es wird übereingestimmt.

3. Einige reflexive Verben werden **nicht** übereingestimmt, weil sie den **Dativ** (3.Fall) verlangen:

se dire	*sich sagen*	*dire **à** qn.*	*(3.Fall)*
se mentir	*sich belügen*	*mentir **à** qn.*	*(3.Fall)*
se parler	*miteinander sprechen*	*parler **à** qn.*	*(3.Fall)*
se (com)plaire	*Gefallen finden*	*plaire **à** qn.*	*(3.Fall)*
se ressembler	*sich ähnlich sein*	*ressembler **à** qn.*	*(3.Fall)*
se rire de	*sich lustig machen über*	*rire **à** qn.* (veraltet)*	*(3.Fall)*
se sourire	*sich anlächeln*	*sourire **à** qn.*	*(3.Fall)*

Ils se sont **dit** au revoir. — *Sie haben sich auf Wiedersehen gesagt.*
Elles se sont **parlé**. — *Sie haben miteinander gesprochen.*
Elles se sont **ressemblé**. — *Sie haben sich ähnlich gesehen.*

* rire à: Kommt nur mehr in fixen Redewendungen vor:
rire aux anges — *ohne Grund lachen*
rire au nez de qn. — *jem. ins Gesicht lachen, verspotten*

4. Quel + **passé composé**: ☺ **II** p 85

Quelle voiture est-ce que tu as acheté**e**?
Quels CD est-ce que vous avez écouté**s**?
Montre-moi **quelles** fleurs tu as reçu**es**.

5. Le **pronom relatif que / qu' + passé composé**:

Ce sont les fleurs **que** tu as achet**ées** pour maman?
Tu as vu la lettre **qu'**il a écrit**e**?
Voilà les photos **que** j'ai pris**es** pendant les vacances.

6. Combien de + passé composé: *Wieviele* ☺ III p 56

Combien de filles sont venu**es**?
Dis-moi **combien de** bouteilles il a achet**ées**.
Combien de limonades est-ce qu'on a bu**es**?

7. Que de ... ! *Wie viel! Wie viele!*

Que de fautes Pilou a fait**es**!	*Wie viele Fehler Pilou gemacht hat!*
Que de photos elle a pris**es**!	*Wie viele Photos sie gemacht hat!*

8. Les **pronoms objet direct** *me, te, le, la, les, nous, vous* (*4.Fall*) ☺ **I** p 73, ☺ **III** p 57

Il **t'**a regard**ée**, Nadine.
Il ne **nous** a pas compris**es**, Fabienne et moi. (**moi** = Julie)
Nous **l'**avons attend**ue**. (**l'** = Nadine)
Elle **vous** a déjà attend**ues**, Marie et Anne?

9. Une foule, un grand nombre, la plupart

Une foule de visiteurs **est venue.**	*eine Menge*
Une foule de visiteurs **sont venus.**	
Un grand nombre de touristes **est arrivé**.	*eine große Zahl*
Un grand nombre de touristes **sont arrivés**.	
La plupart des filles **sont venues**.	*die meisten* ***(nur mit Plural)***

FAIS L'ACCORD SI NÉCESSAIRE

1. Tu as rencontré___ Sophie? – Oui, je l'ai rencontré___ .
2. Quelle fleur est-ce que tu as choisi___ ?
3. Il vous a déjà écrit___ ? – Non, il ne nous a pas encore écrit___ .
4. Maman nous a envoyé___ acheter des poires.
5. Il t'a fait___ ranger ta chambre, Nicole?
6. Elle nous a parlé___ .
7. Combien d'exercices est-ce que tu as déjà fait___ ?
8. Madame Lebrun t'a demandé___ la recette, Barbara?
9. Tes parents t'ont laissé___ sortir avec Pierre, Françoise?
10. Il t'a envoyé___ chercher les clés, Sylvie?
11. Elle vous a offert___ une tasse de café.
12. Il les a vu___ venir le soir.
13. Monsieur Pulot vous a demandé___ votre adresse, Madame?
14. Elle a vu ___ les filles? – Oui, elle les a regardé___ faire du toboggan.
15. J'ai trouvé___ les clés que tu as cherché___ .
16. On t'a déjà appelé___ , Nicole!
17. On vous a entendu___ , Valérie!
18. Voilà la fille que tu as rencontré___ hier.
19. Tu as acheté___ les croissants? – Oui, je les ai acheté___ ce matin.
20. J'ai dû___ la payer.
21. Quelles amies est-ce que tu as invité___ ?
22. Les poires que tu as acheté___ sont formidables.
23. Tu as invité tes amies? – Oui, je les ai invité___ .
24. Combien de films est-ce que tu as regardé___ hier soir?
25. Il t'a laissé___ aller au cinéma, Simone?
26. Elle t'a donné___ son livre, Nathalie?
27. Vous avez déjà fait___ vos exercices? – Oui, on les a déjà fait___ .
28. Maman m'a fait___ préparer le petit déjeuner.
29. Tu as déjà vu__ les photos de nos vacances? –
    Non, je ne les ai pas encore vu__ .
30. Elle t'a répondu___ , Fabienne?
31. Elle nous a montré___ son film sur Paris.
32. Il vous a appris___ à jouer du violon?
33. Il l'a aidé___ , sa cousine?
34. Quelle robe est-ce qu'elle a mis___ hier pour la fête?
35. Pierre nous a téléphoné___ hier soir.
36. Ils ont écouté___ leur grand-mère? – Oui, ils l'ont écouté___ .
37. Je vous ai déjà dit___ bonjour.
38. Tu as pris___ les crêpes à la confiture? – Oui, je les ai pris___ .
39. Je t'ai entendu___ chanter, Marie.

40. C’est la voiture qu’il a acheté___ en été.
41. Vous avez eu___ vos tartines? – Oui, on les a eu___ .
42. Nadine, on t’a invité___ ce soir? – Oui, on m’a invité___ .
43. Il a pris___ ta voiture? – Oui, il l’a pris___ .
44. Pardon, je ne t’ai pas reconnu___ , Barbara!
45. Pilou t’a déjà téléphoné___ , Louise?
46. Quel pantalon est-ce qu’elle a mis___ ?
47. François a vu___ Hélène? – Tiens, il ne l’a même pas regardé___ .
48. Dis, Marie, on t’a déjà offert___ un poste?
49. Papa nous a fait___ faire nos devoirs après le déjeuner.
50. Vous avez regardé___ les films sur Paris et Nantes? – Oui, nous les avons regardé___ hier.
51. La voiture qu’il a acheté___ est extra! Tu l’as déjà vu___ ?
52. J’ai entendu___ Sophie en bas. – Oui, moi aussi, je l’ai entendu___ parler dans la rue.
53. Combien de tartines est-ce que tu as déjà mangé___ ?
54. La tarte que nous avons pris___ est formidable.
55. Dis, Valérie, Luc t’a apporté___ des fleurs?
56. Monsieur Leclerc t’a montré___ ses timbres, Fabienne?
57. La petite Angélique nous a chanté___ une chanson mignonne.
58. Les sandwichs que tu as préparé___ sont vraiment bons.
59. La photo qu’elle a montré___ à Mme Duval hier, a été pris___ à Paris.
60. Voilà les prix que vous avez gagné___ .
61. Combien de prunes est-ce que maman a acheté___ ? – Deux kilos.
62. Quand est-ce que tu l’as reçu___ , ma lettre?
63. Luc a accompagné__ Marie au cinéma? – Oui, il l’y a accompagné__ .
64. Elle nous a offert___ une crème au caramel super.
65. Yves a aidé___ Barbara? – Oui, il l’a beaucoup aidé___ .
66. La fille que nous avons vu___ hier soir, est la sœur de Pierre.
67. Tante Henriette nous a écrit___ une carte postale d’Angleterre.
68. La crème que maman a fait___ hier est délicieuse.
69. Papa ne les a pas laissé___ sortir, les filles.
70. Quelle chanson est-ce qu’elle a chanté___ ?
71. Elle nous a fait___ écrire tout l’exercice.
72. Pierre a vu___ Marie. Il l’a vu___ et il l’a invité ___.
73. Les enfants ont eu___ leurs sandwichs? – Oui, ils les ont eu___ .
74. Luc est malade. – Combien de glace est-ce qu’il a mangé___ ?
75. C’est Jacques qui t’a téléphoné___ , Nathalie?
76. Maman est rentré___ très tard. Nous l’avons entendu ___ .
77. Tu as rendu__ les bagues à Inès? – Oui, je les ai déjà rendu__ à Inès.
78. Quelles fleurs est-ce que papa a donné___ à maman?
79. Voilà la confiture que maman a fait___ pour toi.
80. Combien de croissants est-ce que tu as acheté___?

81. Tu veux lire la carte que j'ai reçu___ de Paris?
82. Luc et Maurice ont accompagné___ les filles au bal? – Non, ils ne les ont pas accompagné___ .
83. Quels exercices est-ce que vous avez fait___ ?
84. Dis donc, Fabienne, il t'a téléphoné___ , François?
85. Tu les as pris___ , les lettres?
86. Où est-ce que tu as mis___ les pains au chocolat que j'ai acheté___ .
87. Inès est allé___ le chercher.
88. Tu les as déjà rendu___ , les livres?
89. Quelle robe est-ce que tu as mis___ hier soir?
90. Je les ai entendu___ partir après minuit, les Legrand.
91. Papa regarde ta voiture! Je l'ai lavé___ .
92. Voilà la lettre que j'ai écrit___ hier.
93. Tu lui as acheté___ les cadeaux? – Oui, je les lui ai déjà acheté___ .
94. Les Legrand nous ont montré___ leur maison.
95. Il a montré sa maison à son architecte? – Oui, il la lui a montré___ .
96. Vous avez fait___ vos valises? – Oui, nous les avons fait___ ce matin.
97. Où est-ce qu'Alain a acheté__ les prunes?– Il les a acheté__ au marché.
98. Léon vous a présenté___ son amie?
99. Combien de photos est-ce qu'il a pris___ en France?
100. Voilà la clé de la chambre que vous avez réservé___ .
101. Il vous a déjà donné___ son numéro de téléphone?
102. Où est-ce que tu l'as rencontré___ la première fois, ton amie?
103. Je vous ai cherché___ partout.
104. Enfin elle m'a dit___ la vérité.
105. Quels livres est-ce que vous avez lu___ ?
106. Combien de hamburgers est-ce qu'il a pris___ ?
107. Où est-ce qu'elle t'a attendu___ , Barbara? – Devant la gare.
108. L'addition, je l'ai déjà payé___ .
109. Therèse et moi, nous sommes allé___ au cinéma.
110. Où est-ce que tu les as rencontré___ , Richard et Grégoire?
111. Voilà la clé que tu as oublié___ à la maison.
112. Combien d'amies est-ce que Paul a invité___ ?
113. Les tickets, tu les as pris___ , Sylvie?
114. Ils doivent traduire les mots que leur prof a écrit___ au tableau.
115. Quelle viande est-ce que vous avez choisi___ ?
116. J'aime bien les pommes que tu as rapporté___ du marché.
117. Combien de verres de limonade est-ce qu'ils ont bu___ ?
118. Nicole raconte: Bertrand m'a souri___ . Il m'a donné___ des fleurs. Il m'a fait___ un compliment sur mes cheveux. Puis il m'a invité___ à prendre une tasse de café. Ensuite il m'a montré___ ses timbres et il m'a aidé___ à faire mon devoir de français. Il m'a accompagné___ à la maison et devant la porte il m'a embrassé___ .

FAIS L'ACCORD SI NÉCESSAIRE

1. Ils se sont vu __ .
2. Elles se sont parlé __ .
3. Les filles se sont déjà couché __ .
4. Marie s'est reposé __ pour quelques minutes.
5. Les enfants se sont lavé __ les mains.
6. Les garçons se sont battu __ .
7. Jacqueline s'est ennuyé __ .
8. Tu t'es bien amusé __ , Claudine?
9. Elle s'est baigné __ dans la mer.
10. Les filles se sont lavé __ les pieds.
11. Marlène s'est tu __ .
12. Tiens, quelle idée il a eu __ !
13. Elles se sont regardé __ .
14. Sylvie et Marc se sont parlé __ .
15. Elles se sont dit __ bonjour.
16. Les filles se sont souri __ .
17. Que de gâteaux elle a fait __ !
18. Tu veux voir la jupe que j'ai acheté __ ?
19. On les a vu __ , les filles, à la piscine.
20. Tu les as déjà préparé __ , les sandwichs?
21. Voilà les fleurs qu'il m'a donné __ .
22. Il t'a attendu __ devant le ciné, Barbara.
23. Les doigts, qu'il s'est cassé __ , sont bleus maintenant.
24. Elle s'est brossé __ les dents.
25. Les filles se sont plu __ à Londres.
26. Jeanne ne s'est pas lavé __ ce matin.
27. Elle s'est lavé __ les cheveux.
28. Les enfants se sont jeté __ un ballon.
29. Voilà la jupe que j'ai fait __ moi-même.
30. Elles se sont parlé __ au téléphone.
31. Les mains, Nicole se les est lavé __ ?
32. Béatrice s'est coupé __ .
33. Qu'est-ce qu'elles se sont dit __ ?
34. Robert et Lucien se sont rencontré __ hier.
35. Louise s'est coupé __ les cheveux.
36. Tu t'es déjà baigné __ , Sylvie?
37. Nous nous sommes bien amusé __ .
38. Ils se sont acheté __ une maison à la plage.
39. Grand-mère s'est couché __ après le déjeuner.
40. Quand est-ce que vous vous êtes levé __ , les enfants?

41. Fabienne et Claudine se sont bien entendu __ .
42. Une foule de touristes est arrivé __ cet après-midi.
43. Un grand nombre de touristes sont arrivé __ cet après-midi.
44. Monique s'est ennuyé __ pendant le film.
45. Tu t'es déjà lavé __ les pieds, François?
46. Les filles se sont acheté __ des pull-overs.
47. Barbara s'est couché __ trop tard hier.
48. Ma tante et ma cousine sont resté __ en France trois semaines.
49. Les garçons se sont acheté __ deux bouteilles d'eau minérale.
50. Voilà la lettre qu'il m'a écrit __ .
51. Combien de livres as-tu lu __ pendant les vacances?
52. Quels pays est-ce que tu as déjà visité __ ?
53. Est-ce que tu as déjà vu la maison qu'ils se sont construit __ ?
54. Voilà les pull-overs que les filles se sont acheté __ .
55. Ce matin elle s'est lavé __ la tête.
56. Tu les as déjà fait __ , tes devoirs de français?
57. Mon ami et sa femme sont venu __ hier.
58. Les filles s'en sont allé __ .
59. Je les ai vu __ jouer dans le jardin.
60. Il nous a fait __ venir.
61. Elles se sont ri __ de Michel.
62. Hier Thérèse s'est cassé __ la jambe.
63. Ils se sont marié __ au printemps.
64. Elle s'est promené __ avec son chien.
65. Pilou et Pierre se sont menti __ .
66. Ce sont les tulipes que tu as apporté __ à grand-mère?
67. Que de chansons il a composé __ !
68. Elle l'a envoyé __ chercher des fleurs, son amie.
69. Je l'ai vu __ travailler dans son bureau, Colette.
70. Ils se sont ressemblé __ .
71. Vous avez déjà écouté les CD qu'il vous a donné __ ?
72. Anne et Marie se sont parlé __ longtemps au téléphone.
73. Combien de paquets est-ce que tu as acheté __ ?
74. Que de films elle a tourné __ !
75. La plupart des garçons sont déjà arrivé __ .
76. Un grand nombre de filles est venu __ ce matin.
77. Un grand nombre de filles sont venu __ ce matin.
78. Ils se sont menti __ .
79. Elles se sont souri __ .
80. Elle s'est arrangé__ sa robe.
81. On les a puni __ , les enfants.
82. On ne t'a pas invité __ , Angélique?
83. Montre-moi quelles photos il t'a donné __ .

LA PLACE DE L'ADJECTIF
Die Stellung des Adjektivs

Voir d'abord ☺ **II** pp 48 - 50.

1. Manche Adjektive **verändern**, je nachdem ob sie **vor** oder **nach** dem Nomen stehen, ihre **Bedeutung**.

Notre M.J.C. est une **ancienne** école. C'est mon **ancien** professeur d'anglais. *** Nous avons visité des ruines **anciennes**.	***ehemalig*** ***ehemalig*** ***alt, antik (nur für Dinge!)***
Les Machat sont de **braves** gens. *** Roger est un homme **brave**.	***ordentlich*** ***tapfer***
Chère Guylaine, ... *** un sac **cher**	***Liebe ...*** *eine **teure** Tasche*
Différentes personnes sont venues. *** Il a rencontré des personnes **différentes**.	***mehrere*** ***verschiedenartig***
une **curieuse** habitude *** un regard **curieux**	*eine **merkwürdige** Angewohnheit* *ein **neugieriger** Blick*
Elle prend toujours un **maigre** dîner. *** Madame Pujol est une femme **maigre**.	***dürftig, bescheiden*** ***mager***
C'est vraiment une **méchante** situation. *** Elle a un chien **méchant**.	***unangenehm*** ***bissig, bösartig***

Chagall était un **grand** peintre.	***berühmter, bedeutender*** *Maler*
Il est un **grand** fumeur.	***starker*** *Raucher*
les **grandes** personnes	*die* ***Erwachsenen***
de(s) **grands** amis	***sehr gute*** *Freunde*
un **grand** nez	*eine* ***große*** *Nase*
de(s) **grands** pieds	***große*** *Füße*
un **grand** froid	*eine* ***große*** *Kälte*
***	
Monsieur Nace, c'est un homme **grand**.	***groß / hoch (gewachsen)***

Ils habitent dans le **même** hôtel que nous.	*im* ***selben*** *Hotel*
Ils ont encore la **même** voiture.	***dasselbe***
Elles sont parties le **même** jour.	*am* ***selben*** *Tag*
la **même** chose	***dasselbe***
être du **même** âge	***gleichaltrig sein***
pour la **même** raison	*aus dem* ***gleichen*** *Grunde*
On lui a volé **même** sa chemise.	***sogar*** *sein Hemd(hier: même/Adv)*
***	
Elle est partie le jour **même**.	***noch am gleichen*** *Tag*
Elle est la bonté **même**.	*Sie ist die Güte* ***in Person****.*

Il est un **noble** homme.	*ein* ***edler, hochanständiger*** *Mann*
***	
Il est un homme **noble**.	*ein* ***adeliger*** *Mann*

J'ai une **nouvelle** robe bleue.	*ein* ***für mich neues*** *Kleid*
***	
Elle ne porte que des robes **nouvelles**.	***(neu)modisch***

La **pauvre** Nicole!	***arm, bedauernswert***
***	
Il faut aider les gens **pauvres**.	***arm, mittellos***

J'ai vu Marie de mes **propres** yeux.	*mit meinen* ***eigenen*** *Augen*
***	
Tu as les mains **propres**?	***sauber***

sacré menteur	***verdammter** Lügner*
avoir une **sacrée** chance	***verdammtes** Glück haben*
***	
art **sacré**	***sakrale** Kunst*
des livres **sacrés**	***heilige** Bücher*

Dans ce film il joue un **sale** mec.	*... er spielt einen **miesen** Typen.*
***	
Il faut changer ta chemise **sale**.	***schmutzig***

de **sérieuses** raisons	***wichtige** Gründe*
***	
un élève **sérieux**	***gewissenhaft, fleißig, ordentlich***
un travail **sérieux**	***sorgfältige** Arbeit*
une offre **sérieuse**	*ein **ernstgemeintes** Angebot*

Un **seul** visiteur est venu.	***einzig***
***	
Elle est une femme **seule**.	***alleinstehend***

Elle a fait le trou avec un **simple** bâton.	***simpel, bloß, gewöhnlich, einfach***
un **simple** employé	*ein **einfacher** Angestellter*
un **simple** geste	*eine **bloße** Geste*
le **simple** bon sens	*der **gesunde** Menschenverstand*
***	
C'est un problème **simple** pour nous.	***einfaches, unwichtiges** Problem*
une question **simple**	*eine **einfache, leichte** Frage*
une méthode **simple**	*eine **einfache, leichte** Methode*
une robe **simple**	*ein **einfaches, schlichtes** Kleid*
des gens **simples**	***einfache** Leute*

Il a obtenu un **triste** résultat.	*ein **jämmerliches** Resultat*
***	
Je n'aime pas les films **tristes**.	***traurig(machend)***

un **dur** métier	*ein **anstrengender** Beruf*
***	
un métal **dur**	*ein **hartes** Metall*

un **vrai** Manet	*ein **echter** Manet*
un **vrai** connaisseur	*ein **echter** Kenner*
une **vraie** blonde	*eine **echte** Blondine*
***	
une histoire **vraie**	*eine **wahre** Geschichte*

Décembre est le **dernier** mois de l'année.	*der **letzte** Monat des Jahres*
C'est le **dernier** train aujourd'hui.	*der **letzte** Zug*
avoir le **dernier** mot	*das **letzte** Wort haben*
le **dernier** cri	*der **neueste** Schrei*
pour la **dernière** fois	*zum **letzten** Mal*
la **dernière** chance	*die **letzte** Chance*
la **dernière** qualité	*die **schlechteste** Qualität*
***	
l'année **dernière**	***vergangenes** Jahr*
mercredi **dernier**	***vergangenen** Mittwoch*

2. Stehen **zwei** oder **mehrere** Adjektive beim Nomen gelten die Stellungsregeln, die in ☺ **II** pp 48-50 behandelt wurden, oder man verbindet die Adjektive mit ***et*** und stellt sie **nach** das Nomen.

Ils ont une **jolie grande** maison.	Ils ont une maison **grande et jolie**.
C'est une **petite** rue **tranquille**.	C'est une rue **petite et tranquille**.
Elle achète une **belle** robe **rouge**.	Elle achète une robe **belle et rouge**.
Ils ont une **vieille** maison **jaune**.	Ils ont une maison **vieille et jaune**.

METS LES ADJECTIFS À LEUR PLACE CORRECTE

1. Il est bon envers les .... gens .... *(arm)*
2. Thomas est un .... garçon .... *(ordentlich)*
3. Martin Luther King était un .... homme .... *(groß, berühmt)*
4. Ils habitent dans le .... arrondissement .... *(im selben)*
5. Les enfants ont leurs .... chambres .... *(eigen)*
6. Je déteste les .... livres .... *(traurig)*
7. Le .... Pierre .... est tombé. *(arm)*
8. J'ai entendu ça de mes .... oreilles .... *(eigen)*
9. Son mari est un homme de 1m 95. C'est un .... homme .... *(groß gewachsen)*
10. Ils sont arrivés le .... soir .... *(noch am gleichen)*
11. Monsieur Coulange a un .... nez .... *(groß)*
12. Monet était un .... peintre .... *(berühmt)*
13. Elle passe l'aspirateur parce qu'elle aime les .... chambres .... *(sauber)*
14. Elle a un .... chien .... *(bissig)*
15. Paul et Jean sont des .... amis .... *(sehr gut)*
16. Il a loué un .... appartement .... *(teuer)*
17. Hélène a des .... pieds .... *(groß)*
18. Il a mis une .... chemise .... *(sauber)*
19. Ils ont acheté un .... Hundertwasser .... *(echt)*
20. Il m'a jeté un .... regard .... *(neugierig)*
21. Elle a gagné une .... somme .... *(groß, enorm)*
22. Madame Gilot vient d'une .... famille .... *(adelig)*
23. Elle écarte toujours ses doigts; c'est une .... habitude .... *(merkwürdig)*
24. Il suit toujours son .... intérêt .... *(eigen)*
25. Bertrand, tu as mis un .... pantalon .... ? *(sauber)*
26. Dans ce film Nicolas Cage joue un .... homme .... *(übel, mies)*
27. Elle ne mange que de la .... viande .... *(mager)*
28. Elle adore la .... musique .... *(traurig)*
29. C'est une .... situation .... *(unangenehm)*
30. Elle nous a posé une .... question .... *(einfach)*
31. Il a acheté une .... chaise .... *(alt)*
32. Le week-end j'ai rencontré notre .... directeur .... *(ehemalig)*
33. Il nous a apporté un .... bouquet de fleurs .... *(teuer)*
34. Elle a préparé des .... gâteaux .... *(verschieden)*
35. C'est une .... blonde .... *(wirklich, echt)*
36. Il est parti pour des .... raisons .... *(wichtig)*
37. Un .... touriste .... a visité le musée. *(einzig)*

LA COMPARAISON *Der Vergleich*

A. Le comparatif: *die Vergleichsform*

1. Noms:

Elle porte **la même** robe **que** sa sœur.	*dasselbe ... wie*
Elle a **autant de** frères **que** moi.	*genauso viele ... wie*
Il n'a pas **tant de** frères **que** moi.	*nicht so viele ... wie*
Il y a **plus de** filles **que de** garçons ici.	*mehr ... als*
Elle a **(beaucoup) plus d'**argent **que** son frère.	*(viel) mehr ... als*
Il a **(beaucoup) moins d'**amis **que** Jacques.	*(viel) weniger ... als*

2. Verbes:

Elle mange **autant que** son frère.	*genauso viel wie*
Il fait le ménage **autant que** sa femme.	*genauso viel wie*
Il ne travaille pas **tant que** / **autant que** son chef.	*nicht so viel wie*
Elle pense **comme** sa mère.	*genauso wie*
Marc parle **comme** son père.	*genauso wie*
Il travaille **(beaucoup) plus que** moi.	*(viel) mehr als*
Elle parle **(beaucoup) moins que** toi.	*(viel) weniger als*
Il mange **plus que** moi, mais Luc mange **davantage.**	*mehr*

Merke:
1. **Autant** steht nur bei **Hauptwort** und **Zeitwort.**
2. **Tant** steht nur in **Verneinungen**.
3. **Davantage** steht **statt plus**,
   wenn der **2.Teil des Vergleichs mit *que* fehlt.**

3. Adjectifs:

Pierre est **aussi** charmant **que** sa sœur.	*genauso ... wie*
Elle est **aussi** intelligente **que** lui.	*genauso ... wie*
Elle **n'**est **pas si / aussi** grande **que** son amie.	*nicht so ... wie*
Il **n'**est **pas si** / **aussi** petit **que** sa cousine.	*nicht so ... wie*
Leur jardin est grand **comme** un parc.	*wie*

Achtung: **Comme** steht, wenn keine Verstärkung mit **aussi, si, tant, autant** im Satz steht.

Il est **plus** grand **que** sa mère.	*größer als*
Elle est **plus** petite **que** son frère.	*kleiner als*
Marie est **beaucoup plus** belle **que** Sophie.	*viel schöner als*
Elle est **bien plus** jolie **que** sa sœur.	*viel hübscher als*
Elle est **un peu plus** grande **que** Julie.	*ein wenig größer als*
Elle est **moins** grande **que** moi.	*weniger groß, kleiner als*
Il est **moins** sympa **que** Marc.	*weniger sympathisch als*
Il est **beaucoup moins** intelligent **que** Pilou.	*viel weniger intelligent als*
Il est **un peu moins** arrogant **que** Jacques.	*etwas weniger arrogant als*

B. Le superlatif: *der Superlativ, die Meiststufe*

1. Verbes:

Bertrand mange **le plus.**	*am meisten*
Nadine parle **le moins.**	*am wenigsten*

2. Adjectifs

Paris, c'est la ville **la plus** intéressante.	*die interessanteste*
«Scream», c'est le film **le plus** choquant.	*der schockierendste*
Il est **le plus** petit de nous tous / d'entre nous.	*der Kleinste von uns*
Marie et Anne sont les filles **les plus** aimables.	*die liebenswürdigsten*
Nicole est **la moins** charmante.	*die uncharmanteste*
Je commence par l'exercice **le moins** difficile.	*die am wenigsten schwierige = die leichteste*
Elle achète toujours les vins **les moins** chers.	*die am wenigsten teuren = die billigsten*

Merke: kurze Adjektive *(siehe ☺* **II** *p 48)* können **vor** und **nach** dem Nomen stehen.

Elle a acheté la maison **la plus jolie.** = Elle a acheté **la plus jolie** maison.
Voilà ma robe **la plus belle.** = Voilà ma **plus belle** robe.

Achtung: plus / moins / le plus / le moins müssen vor **jedem** Adjektiv wiederholt werden.

Ce film est **le plus** ennuyeux, **le plus** affreux et **le plus** dégoûtant.
Elle est **moins** charmante, **moins** aimable et **moins** polie que sa sœur.

C. Unregelmäßige Steigerung:

bon	**meilleur**	**le meilleur**	*gut*
bonne	**meilleure**	**la meilleure**	
bons	**meilleurs**	**les meilleurs**	
bonnes	**meilleures**	**les meilleures**	
mauvais	**pire**	**le pire**	*schlimm, schädlich*
mauvaise	**pire**	**la pire**	
mauvais/-es	**pires**	**les pires**	

Merke 1: mauvais / plus mauvais / le plus mauvais
steigert regelmäßig, wenn es ***schlecht*** heißt.

petit /-e	**moindre**	**le/la moindre**	*gering*

Merke 2: petit / plus petit / le plus petit
steigert regelmäßig, wenn es ***klein*** heißt.

Merke 3: ***Moindre*** und ***pire*** gehören dem
français cultivé an und werden vor allem
in **feststehenden Wendungen** verwendet.
Beachte auch die Adverbien ***pis, mieux, moins***.

C'est la **moindre** des choses.	*Das ist das wenigste.*
C'est son **moindre** défaut.	*Das ist sein geringster Fehler.*
de **moindre** importance	*von geringster Wichtigkeit*
Le **moindre** bruit la fait trembler.	*Der geringste Lärm lässt sie zittern.*
les **moindres** détails	*die kleinsten Einzelheiten*
C'est **la pire** des choses.	*Das ist das Schlimmste.*
Je m'attends au **pire**.	*Ich erwarte das Schlimmste.*
son **pire** ennemi	*sein schlimmster Feind*
C'est **pis** encore.	*Das ist noch schlimmer.*
Ça va de mal en **pis**.	*Es wird immer schlimmer.*
Et qui **pis** est ...	*Und was noch schlimmer ist ...*
au **pis** aller	*schlimmstenfalls*
Tant **pis**!	*Wie schade! Da kann man nichts machen!*
Tant **mieux**!	*Umso besser!*
Ça va **mieux**.	*Es geht (mir) besser.*
C'est le **mieux**!	*Das ist das Beste!*
de **moins** en **moins**	*immer weniger*

AUSSI / SI / AUTANT / TANT / DAVANTAGE / COMME

1. Monique est .... grande que son amie Claudine.
2. Il n'est pas .... fort que Bertrand.
3. Je ne mange pas .... que toi, mais je grossis.
4. Elle a .... de problèmes que sa sœur.
5. Marcel triche plus que Julien, mais Guy triche ....
6. La Ford n'est pas .... chère que la BMW.
7. Elle se comporte .... sa mère.
8. Lucien étudie .... que nous.
9. Marc est brun .... un Noir.
10. Je ne dépense pas .... d'argent que toi.
11. Elle est .... désagréable que sa sœur.
12. Son nouveau film est .... absurde que son dernier.
13. Dans sa collection il a .... de timbres que Robert.
14. Il s'occupe de nos enfants .... que moi.
15. Elle est .... généreuse que Fabienne et donne .... qu'elle.
16. Notre interrogation écrite est .... facile que la dernière.
17. Ta voiture n'est pas .... rapide que sa voiture.
18. Elle veut devenir infirmière .... sa mère.
19. Notre prof d'allemand est .... sévère que notre prof de français.
20. Monsieur Arlaud travaille .... que sa femme.
21. Le petit Nicolas a reçu .... de cadeaux que son frère.
22. Elle est .... intelligente que son père.
23. Les grêlons sont gros .... le poing.
24. Il doit avoir .... de chance qu'elle.
25. Je suis .... fatigué que ce matin.
26. Leur maison n'est pas .... belle que notre maison.
27. Monsieur Pessaud, je pense .... vous.
28. Mireille a .... de CD que moi.
29. Ma robe n'est pas .... chère que mon manteau.
30. Il va réussir .... son père.
31. Il n'a pas eu .... de chance que toi.
32. En Autriche il ne fait pas .... chaud qu'en Italie.
33. Je n'ai pas .... de jouets que toi.
34. Les deux frères se ressemblent .... deux gouttes d'eau.
35. Elle n'aime rien .... que sa poupée.
36. Leur étang est grand .... un petit lac.
37. Elle est .... aimable que belle.
38. Il écoute le jazz .... que la musique classique.
39. Elle en veut ....

LA COMPARAISON

1. Elle est .... *(die Größte)* d'entre nous.
2. C'est .... *(das schönste)* maison de la rue.
3. Françoise est .... *(älter als)* moi.
4. C'était son aventure .... *(das aufregendste)*.
5. Claudine est .... *(die Älteste)* de la famille.
6. Il a .... *(weniger Geld als)* son chef.
7. Le repas est .... *(schlechter als)* hier.
8. Elle parle l'italien .... *(genauso wie)* sa mère.
9. Chez nous le gazole est .... *(am teuersten)*.
10. Elle trouve que les pommes sont .... *(besser als)* les oranges.
11. Thérèse est .... *(genauso höflich wie)* son mari.
12. Les croissants sont .... *(billiger als)* les éclairs.
13. Ce camembert est .... *(frischer als)* cet emmental.
14. Nadine est .... *(dicker als)* sa sœur.
15. Merci, ces fleurs sont .... *(die schönsten)*.
16. Elle est .... *(jünger als)* moi.
17. Le nouveau ministre a .... *(weniger als)* quarante ans.
18. Florence est .... *(schlimmer als)* son frère.
19. C'est ma correspondante .... *(die treueste)*. Elle m'écrit deux fois par mois.
20. Notre maison est .... *(das kleinste)* de la ville.
21. Il s'attend au .... *(das Schlimmste)*.
22. Pierre dort .... *(am meisten)*.
23. La robe bleue est .... *(billiger als)* la rouge.
24. C'est .... *(das größte)* plaisir de vous connaître.
25. Nadine est .... *(sportlicher als)* sa cousine.
26. Elle travaille .... *(am wenigsten)*.
27. Barbara est .... *(genauso nett wie)* Anne.
28. La tour de notre église est .... *(höher als)* le belvédère.
29. Le Quartier latin est le quartier .... *(das interessanteste und lebhafteste)* de Paris.
30. Elle essaie d'éviter .... *(den geringsten)* faute.
31. Dans notre ville il y a les magasins .... *(die modernsten)*.
32. Robert est .... *(der dickste)* de la famille.
33. Elle parle .... *(genauso viel wie)* toi.
34. Pilou ne mange pas .... *(nicht so viel wie)* Robert.
35. Mon père gagne .... *(mehr als)* moi, mais mon oncle gagne .... *(mehr)*.
36. C'est .... *(das Beste)*.
37. Papa est .... *(der beste)* cuisinier.

38. Paul est mon .... *(bester)* ami.
39. Nathalie a les cheveux .... *(die längsten)*.
40. C'est la prof .... *(die schrecklichste)* de notre école.
41. Les Ledoux ont .... *(das größte und schönste)* maison de la ville.
42. Il donne toujours .... *(das Beste)* de lui.
43. À Vienne il y a .... restaurants .... *(mehr als)* à Linz.
44. Papa parle .... *(genauso viel wie)* son frère.
45. Tant .... *(schlimmer)*!
46. Elle cherche toujours les vêtements .... *(die modernsten)*.
47. Je fais .... jogging .... *(genauso viel wie)* toi.
48. Mon frère a acheté .... voiture .... *(dasselbe wie)* moi.
49. Il fait seulement le travail .... *(die leichteste)*.
50. Les Pessaud ont .... enfants .... *(genauso viele wie)* nous.
51. Elle a .... joie de vivre .... *(viel weniger als)* Luc.
52. Estelle parle .... *(viel mehr als)* Marie.
53. Mentir, c'est son .... *(schlimmster)* défaut.
54. Je ne connais rien de .... *(Besseres)*.
55. Je ne mange pas .... *(nicht genauso viel wie)* toi.
56. Elle rit exactement .... *(wie)* son frère.
57. Elle n'est pas .... *(nicht so dick wie)* sa mère.
58. Il fait .... aujourd'hui .... *(besser als)* hier.
59. C'est .... *(schlimmer)* encore.
60. Toulouse a .... habitants .... *(weniger als)* Paris.
61. Notre prof de français est .... *(weniger liebenswürdig als)* notre prof d'anglais.
62. Cathie pleure .... *(am meisten)*.
63. Philippe trouve que *Harry Potter* est le livre .... *(das interessanteste)* pour des enfants.
64. Elle voudrait connaître .... *(die geringsten)* détails.
65. Elle a acheté la viande .... *(das teuerste)*.
66. Papa est .... *(etwas weniger streng als)* maman.
67. Allons! Cherchons une .... *(besseren)* place.
68. Elle ne connaît pas de .... *(schlimmere)* situation.
69. Et qui .... *(noch schlimmer)* est, c'est qu'elle est .... *(viel älter als)* lui.
70. Ça va déjà .... *(besser)*.
71. Le restaurant italien est .... *(etwas teurer als)* le restaurant chinois.
72. Nous buvons .... *(mehr)* vin .... *(als)* bière.
73. J'ai lu .... *(viel mehr)* livres .... *(als)* lui.
74. Le Mayfair à Paris est .... *(viel komfortabler als)* l'Hôtel du Parc.

L'ADVERBE

Das **Adverb** wird zur näheren Bestimmung von **Verb, Adjektiv** und **Adverb** verwendet. Es ist **unveränderlich**.

Le gâteau est bon.	=	Beim Hilfsverb ***être*** steht das **Adjektiv.**
Elle est gentille.	=	Beim Hilfsverb ***être*** steht das **Adjektiv.**

Il chante **bien**.	=	Das **Adverb *bien*** bestimmt das Verb ***chanter*** näher.
Il est **très** grand.	=	Das **Adverb *très*** bestimmt das Adjektiv ***grand*** näher.
Il écrit **très** bien.	=	Das **Adverb *très*** bestimmt das Adverb ***bien*** näher.
Il pleure **beaucoup**.	=	Das **Adverb *beaucoup*** bestimmt das Verb ***pleurer*** näher.
Il court **rapidement**.	=	Das **Adverb *rapidement*** bestimmt d. Verb ***courir*** näher.
La moto roule **vite**.	=	Das **Adverb *vite*** bestimmt das Verb ***rouler*** näher.

Merke: ***sehr*** heißt bei **Adjektiven** und **Adverbien *très, bien, fort.***
sehr heißt bei **Verben *beaucoup.***

Achtung 1: In **folgenden Wendungen** wird nur die **Adjektivform** verwendet. Sie ist **unveränderlich (außer bei *trouver*)**.

acheter **cher**	*teuer kaufen*
vendre **cher**	*teuer verkaufen*
payer **cher**	*teuer bezahlen*
coûter **cher**	*teuer sein*
chanter **juste / faux**	*richtig / falsch singen*
sonner **juste / faux**	*richtig / falsch klingen*
deviner **juste / faux**	*richtig / falsch raten*
penser **juste / faux**	*richtig / falsch denken*
parler **haut / bas**	*laut / leise sprechen*
croire **ferme**	*fest glauben*
aller / marcher **droit**	*aufrecht gehen*
se tenir **droit**	*sich gerade halten*
couper **court** à qc.	*einer Sache ein Ende machen*
peser **lourd**	*schwer wiegen*
tenir **bon / chaud**	*standhalten / warm halten*
sentir **bon / mauvais***	*gut / schlecht riechen*
trouver **bon / mauvais***	*gut / schlecht finden*

* *(vergleiche **Achtung 2**)*

gagner **gros**	*viel verdienen*
risquer **gros**	*viel riskieren*
refuser **net**	*glatt ablehnen*
travailler **dur**	*hart arbeiten*
voir **clair**	*klar sehen*
Tu peux partir **tranquille**.	*Du kannst unbesorgt gehen.*

Achtung 2: In **folgenden Wendungen** wird nur die **Adverbform** verwendet:

Je suis (très) **bien**.	*Es geht mir/Ich fühle mich (sehr) gut.*
C'est (très / assez) **bien**.	*Es ist (sehr / ziemlich) gut.*
Ce n'est pas **mal**.	*Das ist nicht schlecht.*
C'est quelque chose de **bien / mal**.	*Das ist etwas Gutes / Schlechtes.*
se sentir / se trouver **bien** / **mal***	*sich gut / schlecht fühlen*
être **bien** avec qn.	*mit jemandem gut stehen*
Tout est **bien** qui finit **bien**.	*Ende gut, alles gut.*
Je ne trouve pas ça **bien**.*	*Ich finde das nicht richtig.*

* *(vergleiche **Achtung 1**)*

Bildung des Adverbs:

1. An die **feminine Form** des Adjektivs wird **-ment** angehängt.

facile / facile	facile**ment**	*leicht*
rapide / rapide	rapide**ment**	*schnell*
terrible / terrible	terrible**ment**	*schrecklich*
pratique / pratique	pratique**ment**	*praktisch*
lent / lente	lente**ment**	*langsam*
certain / certaine	certaine**ment**	*sicherlich*
exact / exacte	exact**ement**	*genau*
doux / douce	dou**cement**	*sanft*
froid / froide	froi**dement**	*kalt*
long / longue	long**uement**	*lang*
franc / franche	fran**chement**	*offen, aufrichtig*
sérieux / sérieuse	sérieu**sement**	*ernst*
furieux / furieuse	furieu**sement**	*wütend*
(mal)heurcux / (mal)heureuse	(mal)heureu**sement**	*(un)glücklicherweise*

actif / active	acti**vement**	*aktiv*
agressif /agressive	agressi**vement**	*aggressiv*
naturel / naturelle	natur**ellement**	*natürlich*
réel / réelle	ré**ellement**	*tatsächlich*
complet / complète	compl**ètement**	*total*
régulier / régulière	réguli**èrement**	*regelmäßig*

2. Ausnahmen:

absolu / absolue	absol**u**ment	*absolut*
résolu / résolue	résol**u**ment	*entschlossen*
bon / bonne	**bien**	*gut*
mauvais / mauvaise	**mal**	*schlecht*
gentil / gentille	gent**i**ment	*liebenswürdig*
vrai / vraie	vra**i**ment	*wirklich*
joli / jolie	jol**i**ment	*hübsch*
poli / polie	pol**i**ment	*höflich*
impatient / impatiente	impat**iemm**ent [Aussprache: -amã]	*ungeduldig*
rapide / rapide	rapide**ment** / **vite**	*schnell*
grave / grave	gravement/gr**ièvement** (☺ **II** p 67)	*schwer*
bref / brève	br**ièvement**	*kurz*
énorme / énorme	énorm**é**ment	*enorm*
précis / précise	précis**é**ment	*genau*
obscur / obscure	obscur**é**ment	*dunkel, undeutlich*
différent / différente	différe**mm**ent [Aussprache: -amã]	*anders*
prudent / prudente	prude**mm**ent [Aussprache: -damã]	*vorsichtig*
évident / évidente	évide**mm**ent [Aussprache: -damã]	*offensichtlich*
récent / récente	réce**mm**ent [Aussprache: -samã]	*neulich*
fréquent / fréquente	fréque**mm**ent [Aussprache: -kamã]	*häufig, oft*
constant / constante	consta**mm**ent	*dauernd*
bruyant / bruyante	bruya**mm**ent	*lärmend, laut*
méchant / méchante	mécha**mm**ent	*böse*
courant / courante	coura**mm**ent	*fließend; häufig*
suffisant / suffisante	suffisa**mm**ent	*genügend*
élégant / élégante	éléga**mm**ent	*elegant*

ADVERBE OU ADJECTIF

1. Il l'aime .... (wirklich, tatsächlich).
2. Tu chantes .... (falsch).
3. Notre nouvelle voiture roule .... (schnell).
4. Le dîner est .... (köstlich).
5. Il ne trouve pas ça .... (richtig).
6. Je trouve ta soupe .... (gut).
7. Pierre travaille .... (hart).
8. Il s'est approché d'elle .... (aggressiv).
9. Il ouvre le paquet .... (vorsichtig).
10. .... (Unglücklicherweise) son écriture est .... (total) obscure.
11. Elle est .... (total) folle.
12. Il pense .... (selten) à Sylvie.
13. .... (Offensichtlich), vous avez raison.
14. Mireille est .... (geduldig).
15. Elle l'attend toujours .... (ungeduldig).
16. Les enfants, écoutez .... (aufmerksam).
17. Vous allez lire ce passage .... (leise).
18. Marie-Claire est toujours .... (gut) habillée.
19. Elle s'en est allée .... (wütend).
20. Il a répondu .... (kalt).
21. Votre devoir est .... (schlecht) préparé.
22. Tu peux faire cet exercice .... (leicht).
23. Il roule toujours .... (langsam).
24. Nous avons attendu .... (lange).
25. Si tu veux réussir, il faut travailler .... (hart).
26. Il est .... (praktisch) impossible de le comprendre.
27. Merci, je suis très .... (gut).
28. Elle veut .... (absolut) te voir ce soir.
29. Je suis très .... (gut) avec lui.
30. Elle s'occupe .... (aktiv) des enfants abandonnés.
31. Il est .... (entschlossen) contre tout ce qu'elle fait.
32. Il paie cette somme .... (regelmäßig).
33. Les gens ont protesté .... (laut, lärmend).
34. Elle va me le payer .... (teuer).
35. Il tient .... (fest) le verre dans ses mains.
36. Il ne peut plus se tenir .... (aufrecht).
37. Elle croit .... (fest) qu'elle va gagner.
38. Ce n'est pas .... (schlecht).
39. Tu as affranchi .... (genügend) ta lettre?
40. Monique est très .... (charmant).

41. Cette valise pèse .... (schwer).
42. Tout est .... (gut) qui finit .... (gut).
43. Bravo! Vous avez deviné .... (richtig).
44. Elle parle aux élèves .... (liebenswürdig).
45. Notre prof de français est très .... (nett).
46. Il sait parler espagnol .... (fließend).
47. Je trouve cette tarte .... (schlecht).
48. Ne parle pas si .... (schnell).
49. Elle chante .... (sanft).
50. Il nous écrit .... (selten).
51. Pilou danse .... (wirklich) .... (gut).
52. Ils ont acheté leur appartement .... (teuer).
53. S'il vous plaît, parlez plus .... (laut).
54. Le petit François dort .... (gut).
55. Il connaît .... (gut) Paris.
56. Pierre a répondu .... (präzise).
57. Elle est .... (dauernd) malade.
58. J'ai .... (kurz) répondu à sa lettre.
59. Elle chante .... (richtig) mais ça sonne .... (falsch).
60. Coupons .... (kurz; ein Ende machen) à cette affaire.
61. Ce gâteau sent .... (gut).
62. Parlez-vous .... (ernsthaft), Madame?
63. Le père de Philippe gagne .... (viel).
64. C'est quelque chose de .... (gut).
65. Il a refusé .... (glatt).
66. Je ne trouve pas ça .... (richtig).
67. C'est .... (ziemlich gut).
68. Maintenant je vois .... (klar).
69. Je me trouve .... (schlecht) aujourd'hui.
70. Tu as .... (sicherlich) faim et soif.
71. Vous devez observer .... (genau) les règles.
72. Maman, tu peux partir .... (unbesorgt).
73. S'il vous plaît, partez .... (ruhig).
74. .... (Normalerweise) il prend le bus.
75. Il comprend .... (schwer).
76. Cela lui arrive .... (häufig).
77. .... (Glücklicherweise) qu'il fait beau temps.
78. Je l'ai encore rencontré tout .... (neulich).
79. Elle pense toujours .... (anders).
80. Le conducteur de camion est .... (schwer) blessé.
81. Elle sait répondre .... (höflich).

TRÈS OU BEAUCOUP

1. Très: steht bei **Adjektiv, Adverb** und **Nomen.**

Je suis **très** enchanté de vous connaître.	**Adjektiv**
Il marche **très** lentement.	**Adverb**
J'ai **très** soif.	**Nomen**

Merke folgende Wendungen:

À **très** bientôt!	*Auf ein baldiges Wiedersehen!*
Il est **très / bien** au courant.	*Er ist bestens informiert.*
des gens **très** / **bien** comme il faut	*hochanständige Leute*
être **très** en avance sur son temps	*seiner Zeit weit voraus sein*
être **très** en colère	*sehr zornig sein*
être **très** en retard	*sehr spät dran sein*
Elle est **très** femme.	*Sie ist sehr weiblich.*
J'ai **très** froid / chaud / mal.	*Mir ist sehr kalt / warm / schlecht.*
Il fait **très** froid / chaud.	*Es ist sehr kalt / warm.*

2. Beaucoup: steht bei **Verb, de + Nomen**, **Steigerung mit den Adverbien *trop*, *plus*, *moins*, *mieux*** und es steht **allein.**

Il lit **beaucoup**.	**Verb**
Elle boit **beaucoup** de café.	**de + Nomen**
Elle roule **beaucoup** trop vite.	**Steigerung**
Elle chante **beaucoup** mieux que lui.	**Steigerung**
Il est **beaucoup** plus fort qu'elle.	**Steigerung**
Elle est **beaucoup** moins polie que lui.	**Steigerung**
Beaucoup sont venus.	**steht allein**
Merci **beaucoup**!	**steht allein**

TRÈS OU BEAUCOUP

1. C'est un monsieur .... comme il faut.
2. Elle était .... en colère.
3. .... de chance!
4. Il est .... tard.
5. Nous avons .... froid.
6. Elle aime .... cette chanson.
7. Il a .... à apprendre.
8. J'ai .... mal au cœur.
9. C'est .... mal.
10. J'ai encore .... de choses à faire.
11. Ils ont une .... belle maison.
12. Notre voisine bavarde ....
13. Pierre était .... gêné.
14. Eva est .... plus polie et charmante que sa sœur.
15. Il faisait .... froid.
16. Elle a .... à travailler.
17. Il s'intéresse .... à la musique classique.
18. Il est .... tard.
19. Ma mère chante ....
20. Ils sont arrivés .... en avance.
21. Elle a .... chaud.
22. Marie a toujours .... à dire.
23. Il gagne .... d'argent.
24. Les enfants font .... attention.
25. Elle est .... au courant.
26. Il a fait .... de fautes, ... trop.
27. Il est .... tôt le matin.
28. .... sont de mon avis.
29. Il était .... ému.
30. Il n'y avait pas .... de monde.
31. C'est .... bien.
32. Prends ma voiture. C'est .... plus rapide. – Merci .... !
33. Nous avons .... peur.
34. Dépêche-toi, tu es .... en retard.
35. Je suis .... heureuse de vous voir ici.
36. Il marche toujours .... vite.
37. Ça me plaît ....
38. .... de gens sont venus.
39. Monique pleure ....
40. Elle est .... femme. Elle a .... changé.

41. On n'a plus .... de temps.
42. J'aime .... la crème au caramel.
43. Il travaille .... avec Marie.
44. Est-ce qu'il y a encore .... d'eau minérale?
45. Elle ne dort pas .... bien.
46. On avait .... de neige.
47. Il a .... trop bu.
48. La fête était .... chouette.
49. Elle a .... téléphoné.
50. Il n'aime pas .... son prof d'anglais.
51. J'ai .... trop mangé. J'ai .... grossi.
52. Elle tricote .... bien.
53. Il fréquente .... le bar Paradis.
54. Elle a .... perdu au casino.
55. Tu as pris .... trop de sel.
56. Elle consulte .... son médecin. Trois fois par semaine.
57. Pierre craint .... les examens.
58. Elle mange .... de vitamines.
59. Elle aime .... son petit frère.
60. On a .... rigolé avec Lucien.
61. Je crois que c'est .... important pour Monique.
62. Elle est vraiment .... aigrie.
63. Leur appartement coûte .... cher.
64. Nous travaillons .... mieux que l'an dernier.
65. Le film est .... intéressant.
66. Il ne boit pas .... d'alcool.
67. Elle peut .... bien le comprendre. Il parle .... lentement.
68. Leur maison est .... moderne.
69. Elle aime .... la nature.
70. Nadine est .... aimable.
71. Il sait .... bien faire du ski.
72. Nicole mange .... peu mais elle mange .... de pommes.
73. Elle est .... moins grande que son frère.
74. Il travaille .... plus que le semestre dernier.
75. C'était .... peu.
76. Luc et Barbara sont des enfants .... sages.
77. Il est encore .... tôt.
78. Attention, il est .... en colère.
79. .... sont venus pour le féliciter.
80. Madame Lefèvre se lamente .... sur son sort.
81. Maman est .... énervée aujourd'hui.
82. Il dit qu'il est .... enchanté de me connaître.
83. Je la trouve .... belle.

S'ASSEOIR / SUIVRE / TENIR / CONSTRUIRE

s'asseoir *(sich setzen)*	
je m'	assi**eds**
tu t'	assi**eds**
il/elle/on s'	assi**ed**
nous nous	ass**eyons**
vous vous	ass**eyez**
ils/elles s'	ass**eyent**

Assieds-toi!
Asseyons-nous!
Asseyez-vous!

Participe passé: **assis**

De même:
se rasseoir *(sich wieder setzen)*

suivre *(folgen)*	
je	**suis**
tu	**suis**
il/elle/on	**suit**
nous	suiv**ons**
vous	suiv**ez**
ils/elles	suiv**ent**

Suis!
Suivons!
Suivez!

Participe passé: **suivi**

De même:
poursuivre *(verfolgen)*

tenir *(halten)*	
je	**tiens**
tu	**tiens**
il/elle/on	**tient**
nous	ten**ons**
vous	ten**ez**
ils/elles	**tiennent**

Tiens!
Tenons!
Tenez!

Participe passé: **tenu**

De même:
obtenir *(erhalten)*
retenir *(zurückhalten)*
contenir *(enthalten)*
appartenir *(gehören)*

construire *(bauen)*	
je	construi**s**
tu	construi**s**
il/elle/on	construi**t**
nous	construis**ons**
vous	construis**ez**
ils/elles	construis**ent**

Construis!
Construisons!
Construisez!

Participe passé: **construit**

De même:
détruire *(zerstören)*
reconstruire *(wieder aufbauen)*

PERDRE / (SE) SENTIR / RECEVOIR / RÉFLÉCHIR

perdre *(verlieren)*

je	per**ds**
tu	per**ds**
il/elle/on	per**d**
nous	per**dons**
vous	per**dez**
ils/elles	per**dent**

Perds!
Perdons!
Perdez!

Participe passé: **perdu**

De même:
vendre *(verkaufen)*
rendre *(zurückgeben)*
descendre *(hinuntersteigen)*
attendre *(warten)*

(se) sentir *((sich) fühlen)*

je	(me) sen**s**
tu	(te) sen**s**
il/elle/on	(se) sen**t**
nous	(nous) sent**ons**
vous	(vous) sent**ez**
ils/elles	(se) sent**ent**

Sens!	(Sens-toi!)
Sentons!	(Sentons-nous!)
Sentez!	(Sentez-vous!)

Participe passé: **senti**

De même:
mentir *(lügen)*

recevoir *(empfangen)*

je	**reçois**
tu	**reçois**
il/elle/on	**reçoit**
nous	**recevons**
vous	**recevez**
ils/elles	**reçoivent**

Reçois!
Recevons!
Recevez!

Participe passé: **reçu**

réfléchir *(nachdenken; spiegeln)*

je	réfléchi**s**
tu	réfléchi**s**
il/elle/on	réfléchi**t**
nous	réfléch**issons**
vous	réfléch**issez**
ils/elles	réfléch**issent**

Réfléchis!
Réfléchissons!
Réfléchissez!

Participe passé: **réfléchi**

De même:
adoucir *(besänftigen)*
choisir *(wählen)* ☺ **II** p 59
finir *(beenden)* ☺ **II** p 1

METS LES VERBES À LEUR FORME CORRECTE

1. .... (réfléchir) à ce que tu dis!
2. Elle s'est .... (se rasseoir).
3. Vous .... (sentir) bien qu'elle .... (mentir).
4. Vous .... (perdre) toujours vos affaires!
5. Est-ce que tu as déjà .... (rendre) le livre?
6. Elle travaille dans une famille française et elle y est très bien .... (recevoir).
7. Elle a .... (adoucir) sa peau avec de la crème riche.
8. Qu'est-ce que vous avez .... (choisir)?
9. Elle a .... (construire) un roman extraordinaire.
10. Il .... (tenir) son chapeau à la main.
11. .... (s'asseoir), Madame!
12. Nous .... (suivre) cette rue jusqu'au bout.
13. Luc .... (obtenir) de bonnes notes.
14. Nous .... (choisir) une glace avec de la crème.
15. Ce livre .... (contenir) 100 pages.
16. Cette maison .... (appartenir) à Madame Pujol.
17. Je ne me .... (sentir) pas bien aujourd'hui.
18. Il faut .... (réfléchir) avant de parler.
19. Le petit Nicolas .... (suivre) sa mère partout.
20. Nous .... (recevoir) des invités ce soir.
21. Le feu a .... (détruire) la forêt.
22. Ils .... (tenir) toujours leurs promesses.
23. Elle .... (vendre) sa maison de campagne.
24. Pierre .... (recevoir) un cadeau de sa tante.
25. Ça .... (sentir) le fromage ici.
26. .... (tenir)!
27. Elle .... (se rasseoir).
28. Il a .... (poursuivre) ce monsieur jusqu'à la poste.
29. Elle .... (attendre) le train.
30. Le chef de cuisine .... (adoucir) la sauce avec un peu de crème fraîche.
31. Ils .... (s'asseoir) au bar.
32. Vite! .... (suivre) ce garçon!
33. Elle .... (tenir) beaucoup à ce qu'il dit.
34. Elles .... (recevoir) leurs amis.
35. L'eau .... (réfléchir) la montagne.
36. Dépêche-toi! Tu as déjà .... (perdre) trop de temps.
37. .... (finir) cette affaire!
38. Nicole .... (perdre) sa tête.

L'IMPARFAIT *die Mitvergangenheit*

Das Imparfait wird gebildet, indem man die Endung **-ons** der **1. Person Plural** durch die Imparfait-Endung ersetzt.

aller ⇨	all**ons**
j'	all**ais**
tu	all**ais**
il/elle/on	all**ait**
nous	all**ions**
vous	all**iez**
ils/elles	all**aient**

avoir ⇨	av**ons**
j'	av**ais**
tu	av**ais**
il/elle/on	av**ait**
nous	av**ions**
vous	av**iez**
ils/elles	av**aient**

prendre ⇨	pren**ons**
je	pren**ais**
tu	pren**ais**
il/elle/on	pren**ait**
nous	pren**ions**
vous	pren**iez**
ils/elles	pren**aient**
De même:	apprendre, comprendre

finir ⇨	finiss**ons**
je	finiss**ais**
tu	finiss**ais**
il/elle	finiss**ait**
nous	finiss**ions**
vous	finiss**iez**
ils/elles	finiss**aient**
De même:	choisir, réfléchir

manger ⇨	mangeons
je	mang **e ais**
tu	mang **e ais**
il/elle/on	mang **e ait**
nous	mang**ions**
vous	mang**iez**
ils/elles	mang **e aient**
De même:	corriger, nager, neiger, voyager, songer, plonger, changer, ranger

oublier ⇨	oubli**ons**
j'	oubli**ais**
tu	oubli**ais**
il/elle/on	oubli**ait**
nous	oubli **i ons**
vous	oubli **i ez**
ils/elles	oubli**aient**
De même:	étudier

rire ⇨	nous ri**ons**
je	ri**ais**
tu	ri**ais**
il/elle/on	ri**ait**
nous	ri **i ons**
vous	ri **i ez**
ils/elles	ri**aient**

commencer ⇨	commençons
je	commen **ç ais**
tu	commen **ç ais**
il/elle/on	commen **ç ait**
nous	commen_c_**ions**
vous	commen_c_**iez**
ils/elles	commen **ç aient**
De même:	prononcer, remplacer

s'appeler ⇨	nous nous appel**ons**
je	m'appel**ais**
tu	t'appel**ais**
il/elle/on	s'appel**ait**
nous nous	appel**ions**
vous vous	appel**iez**
ils/elles	s'appel**aient**

être ⇨	**Ausnahme!**
j'	**étais**
tu	**étais**
il/elle/on	**était**
nous	**étions**
vous	**étiez**
ils/elles	**étaient**

connaître	⇨	connaissons	⇨	je connaiss**ais**
construire	⇨	construisons	⇨	je construis**ais**
courir	⇨	courons	⇨	je cour**ais**
croire	⇨	croyons	⇨	je croy**ais**
devoir	⇨	devons	⇨	je dev**ais**
dire	⇨	disons	⇨	je dis**ais**
écrire	⇨	écrivons	⇨	j'écriv**ais**
faire	⇨	faisons	⇨	je fais**ais**
lire	⇨	lisons	⇨	je lis**ais**
mettre	⇨	mettons	⇨	je mett**ais**
payer	⇨	payons	⇨	je pay**ais**
plaire	⇨	plaisons	⇨	je plais**ais**
pouvoir	⇨	pouvons	⇨	je pouv**ais**
s'asseoir	⇨	nous nous ass**ey**ons	⇨	je m'ass**eyais**
savoir	⇨	savons	⇨	je sav**ais**
se plaindre	⇨	nous nous plaignons	⇨	je me plaign**ais**
venir	⇨	venons	⇨	je ven**ais**
voir	⇨	voyons	⇨	je voy**ais**
vouloir	⇨	voulons	⇨	je voul**ais**
pleuvoir		______	⇨	il pleuv**ait**
falloir (il faut)		______	⇨	il **fallait**

METS À L'IMPARFAIT LES PHRASES SUIVANTES

1. Il .... (faire) très froid le matin.
2. Tu .... (avoir) faim et soif?
3. Vous .... (connaître) ce jeu?
4. Il .... (falloir) lui dire la vérité.
5. Nous .... (faire) les courses.
6. Ils .... (aller) à la plage ensemble.
7. Vous .... (être) au restaurant chinois?
8. Il .... (pleuvoir) et on
   .... (rester) à la maison.
9. Vous .... (avoir) envie de rigoler.
10. Nous .... (être) chez nous.
    Maman .... (tricoter), Julie .... (lire)
    le journal et papa .... (passer) l'aspirateur.
11. J'... (avoir) une belle voiture.
12. Nous .... (prendre) une tasse de thé.
13. Barbara .... (écouter) des chansons.
14. Vous .... (s'appeler) Machat avant votre mariage.
15. Elle .... (finir) son devoir.
16. Ils .... (être) tous là.
17. Paul .... (manger) des tartines et nous
    .... (manger) des fruits.
18. Nous .... (boire) beaucoup trop.
19. Il .... (nager) toute la journée.
20. Nous .... (oublier) leur adresse.
21. On .... (commencer) à huit heures.
22. Ils .... (oublier) de nous informer.
23. Nous .... (rire) beaucoup.
24. Je .... (courir) le plus vite.
25. Nous .... (croire) que c' .... (être) Luc.
26. Je .... (devoir) faire mes devoirs.
27. Nous .... (dire) au revoir.
28. Vous .... (écrire) ces lettres pendant les vacances?
29. Ils .... (mettre) le couvert.
30. Pendant que je .... (s'asseoir),
    le garçon .... (apporter) le menu.
31. Il .... (savoir) toujours ce qu'il
    .... (vouloir) faire après le bac.
32. Il .... (pleuvoir) sans cesse.
33. Nous .... (étudier) toute la fable.
34. Elle .... (se plaindre) toute la journée.
35. Vous .... (être) en pleine forme.

36. Vous .... (payer) vous-mêmes?
37. Nous .... (inviter) tous nos amis.
38. Pierre, tu .... (prononcer) bien, mais vous, vous .... (prononcer) mal.
39. Elles .... (appeler) la police.
40. Ils .... (voyager) beaucoup.
41. Je .... (songer) à faire une promenade.
42. Nous ne .... (savoir) pas quoi faire.
43. Il .... (falloir) les aider.
44. Le temps .... (changer) vite.
45. Ils .... (avoir) peur et ils .... (courir) rapidement.
46. Nous .... (venir) vers trois heures.
47. Le film .... (commencer) et tout le monde .... (être) tranquille.
48. L'épicier n' .... (avoir) pas de fruits.
49. Il ne .... (pouvoir) pas venir parce qu'il .... (faire) déjà nuit.
50. Les deux amies .... (être) toujours ensemble.
51. Ils n'... (être) pas d'accord avec moi.
52. Elle .... (être) satisfaite de son premier gâteau.
53. Il .... (connaître) bien l'amie de Marc.
54. Le monsieur .... (être) très grand, ... (avoir) les cheveux bruns et .... (porter) un manteau noir.
55. Madame Ligot .... (parler) plusieurs langues.
56. Le week-end on .... (faire) un tour.
57. Pendant les vacances nous .... (s'occuper) des fleurs de notre voisine.
58. Je .... (remplacer) notre chef pendant sa maladie.
59. Fernand et Yannick .... (quitter) leur famille et .... (commencer) à gagner leur vie.
60. Le pauvre Gaston .... (échouer) à l'examen.
61. Elle .... (se moquer) toujours de ses collègues.
62. Nadine .... (exagérer) beaucoup.
63. Les Coustoulin .... (acheter) une maison de campagne.
64. Luc .... (manger) seulement des crudités et .... (boire) de l'eau minérale.
65. Il .... (crier) sans arrêt. C'... (être) terrible!
66. Nous ne .... (croire) pas ce qu'il nous .... (raconter), mais il .... (dire) la vérité.
67. Nous .... (s'asseoir) sur la terrasse.

VOCABULAIRE

Anmerkung: Dieser Vokabelteil dient lediglich als **Übersetzungshilfe** und ist **kein Lexikonersatz**!

abréviations (f) *(Abkürzungen)*:

m	masculin	männlich	**qn.**	quelqu'un	jemand
f	féminin	weiblich	**qc.**	quelque chose	etwas
Pl	pluriel (m)	Plural	**adj.**	adjectif (m)	Adjektiv
Sg	singulier (m)	Singular	**adv.**	adverbe (m)	Adverb

Mit * wird ein h aspiré gekennzeichnet (voir ☺ **I** p 3).

à cause de	*wegen*
à cette heure-ci	*zu dieser Zeit, um diese Uhrzeit*
à l'heure (f)	*pünktlich*
abandonné	*im Stich gelassen*
absence (f)	*Abwesenheit*
accompagner	*begleiten*
accorder	*übereinstimmen*
actrice (f)	*Schauspielerin*
affaire (f)	*Sache, Angelegenheit*
affranchir	*frankieren*
âgé	*alt, betagt*
aigri	*verbittert*
air (m)	*Luft*
alarmé	*aufgeregt*
alcool (m)	*Alkohol*
allumette (f)	*Streichholz*
an (m)	*Jahr*
ange (m)	*Engel*
animatrice (f)	*Unterhalterin*
annoncer	*mitteilen, bekanntgeben*
apprendre	*lernen, lehren, sagen*
après-midi (les)	*Nachmittage*
après-midi (m,f)	*Nachmittag*
araignée (f)	*Spinne*
argent (m)	*Geld*
armoire (f)	*Kasten*
arriver à faire qc.	*etwas tun können, gelingen*
arrondissement (m)	*Bezirk*
artichaut (m)	*Artischocke*
article (m)	*Artikel*
aspirateur (m)	*Staubsauger*
atelier (m)	*Atelier, Werkstatt*
auteur (m)	*Autor*
avais	*hatte, hattest*
avantage (m)	*Vorteil*
avenir (m)	*Zukunft*
aventure (f)	*Abenteuer*
avion (m)	*Flugzeug*
avis (m)	*Meinung*
avoir besoin de	*brauchen*
avoir envie de	*Lust haben zu*
avoir raison	*Recht haben*
avouer	*gestehen*
bac (m)	*Matura*
bagage (m)	*Gepäck*
bague (f)	*Ring*
balade (f)	*Spaziergang*
ballon (m)	*Ball*
banane (f)	*Banane*
bâton (m)	*Stock*
belvédère (m)	*Aussichtsturm*
bêtise (f)	*Dummheit*
bien (adv.)	*gut*
bille (f)	*Murmel, Kugerl*
bloc de bois (m)	*Holzklotz*
boîte (f)	*Disco; Schachtel*
bourreau (m) des cœurs (m)	*Herzensbrecher*
bout (m)	*Ende*
bouteille (f)	*Flasche*
brouillard (m)	*Nebel*
bruit (m)	*Lärm*
but (m)	*Ziel, Absicht*
camion (m)	*Lastwagen*
campagne (f)	*Land*
carton (m)	*Karton*
catastrophe (f)	*Katastrophe*
CD (m)	*CD*
célibataire	*alleinstehend*
chanson (f)	*Lied, Chanson*
charbon (m)	*Kohle*
chef de cuisine	*Chefkoch*
chemin (m)	*Weg*
cheveux (m,Pl)	*Haare*
choquant	*schockierend*
collaborer	*zusammenarbeiten*
collègue (m,f)	*Kollege, Kollegin*
comportement (m)	*Betragen*
composer	*komponieren*
composition (f)	*Aufsatz*
conducteur (m) de camion	*Lastwagenfahrer*
confortable	*bequem, komfortabel*
congé (m)	*Urlaub*
connaisseur (m)	*Kenner*
connaître	*kennen (lernen)*
connu	*bekannt*
constater	*feststellen*
construire	*bauen*
contrôle (m)	*Kontrolle*
cornet (m)	*Tüte, Säckchen*
côté (m)	*Seite*
couper	*schneiden*
courir	*laufen*
courrier (m)	*Post*
courtoisie (f)	*Höflichkeit*
craindre	*befürchten*
crâner	*angeben, prahlen*
crème riche	*gehaltvolle,fettige Crème*
critiquer	*kritisieren*
croire	*glauben*
crudités (f, Pl)	*Rohkost*
cuiller (f) à café	*Kaffeelöffel*
cuiller, cuillère (f)	*Löffel*
cuisinier (m)	*Koch*
curieux	*neugierig*
Danube (m)	*Donau*
de temps en temps	*von Zeit zu Zeit*
défaut (m)	*Fehler, Laster*
dégoûtant	*ekelerregend*

déménager	*umziehen*
dent (f)	*Zahn*
dépenser	*ausgeben*
déranger	*stören*
des tas de	*viele*
désagréable	*unangenehm*
désespéré	*verzweifelt*
dessert (m)	*Nachspeise*
dessin (m)	*Zeichnung*
détail (m)	*Einzelheit*
deviner	*raten*
dîner (m)	*Abendessen*
directement (adv.)	*direkt*
discours (m) (faire un)	*Rede (halten)*
doigt (m)	*Finger*
donner rendez-vous à qn.	*sich mit jem.verabreden*
douanier (m)	*Zöllner*
doué	*begabt*
dragon (m)	*Drachen*
écarter	*wegstrecken*
échouer à l'examen (m)	*bei Prüfung durchfallen*
éclair (m)	*Eclair, Spritzgebäck*
église (f)	*Kirche*
emporter	*mitnehmen*
ému	*bewegt, gerührt*
en gras	*fett gedruckt*
en permanence (f)	*dauernd, ständig*
énervant	*aufregend*
énerver	*aufregen*
énormément (adv)	*enorm*
enseigner	*lehren*
ensemble	*gemeinsam*
ensoleillé	*sonnig*
entendre	*hören*
entier	*ganz*
entreprendre	*unternehmen*
environ	*ungefähr*
épicier (m)	*Gemischtwarenhändler*
escalier (m)	*Stiege, Treppe*
essayer	*versuchen*
essuyer	*abwischen*
est (m)	*Osten*
étage (m)	*Stockwerk*
était	*war*
étang (m)	*Teich*
été (m)	*Sommer*
étranger (m)	*Ausland*
études (f,Pl)	*Studium*
étudier	*studieren, lernen*
éviter	*vermeiden*
exactement	*genau*
exagérer	*übertreiben*
examen (m)	*Prüfung*
exceptionnel	*außergewöhnlich*
exposition (f)	*Ausstellung*
extra	*toll*
fable (f)	*Fabel*
fabriqué	*angefertigt*
farine (f)	*Mehl*
femme (f)	*Frau*
feu (m)	*Feuer*
fiche (f)	*Zettel*
fier	*stolz*
flamme (f)	*Flamme*
fleur (f)	*Blume*
flûte (f)	*Flöte*
forêt (f)	*Wald*
formulaire (m)	*Formular*
foule (f)	*Menschenmenge, Masse*
frigidaire (m)	*Kühlschrank*
frites (f,Pl)	*Pommes frites*
gagner	*gewinnen; verdienen*
gazole (m)	*Diesel*
genre (m)	*Art, Weise*
glace (f)	*Eis*
goutte (f)	*Tropfen*
Grèce (f)	*Griechenland*
grêlons (m, Pl)	*Hagelkörner*
gros mot (m)	*Schimpfwort*
grossir	*zunehmen*
guerre (f)	*Krieg*
habillé	*gekleidet*
habitant (m)	*Bewohner*
habitude (f)	*Angewohnheit*
*hâte (**la**)	*Hast, Eile*
histoire (f)	*Geschichte*
impoli	*unhöflich*
impolitesse (f)	*Unhöflichkeit*
importance (f)	*Wichtigkeit*
impression (f)	*Eindruck*
innocence (f)	*Unschuld*
intention (f)	*Absicht, Vorsatz*
interroger	*fragen*
ira (il)	*(er) wird gehen*
irai (j')	*(ich) werde gehen*
jaloux	*eifersüchtig*
jambe (f)	*Bein*
japonais	*japanisch*
jouet (m)	*Spielzeug*
journée (f)	*Tag*
jupe (f)	*Rock*
lac (m)	*See*
laine (f)	*Wolle*
langue (f)	*Sprache*
lieu (m)	*Ort*
linge (m)	*Wäsche*
loin	*weit entfernt*
longtemps	*lange Zeit*
loterie (f)	*Lotterie*
louer	*mieten*
lycée (m)	*Gymnasium*
magasin (m)	*Geschäft*
maire (m)	*Bürgermeister*
maladie (f)	*Krankheit*
malheureusement	*unglücklicherweise*
manque (m)	*Fehlen*
mari (m)	*Ehemann*
mariage (m)	*Hochzeit*
mec (m)	*Typ, Kerl*
médecin (m)	*Arzt*
melon (m)	*Melone*
ménage (m)	*Hausarbeit*
mentir, menti	*lügen, gelogen*
menu (m)	*Speisekarte*
métro (m)	*Untergrundbahn*
mignon	*herzig*
miroir (m)	*Spiegel*
montrer	*zeigen*
moto (f)	*Motorrad*
mouchoir (m)	*Taschentuch*
moutarde (f)	*Senf*
musée (m)	*Museum*
nager	*schwimmen*
natation (f)	*Schwimmsport*

ne ... pas du tout	*überhaupt nicht*
neiger	*schneien*
nez (m)	*Nase*
Noir (m)	*Schwarzer*
nombre (m)	*Zahl*
nord (m)	*Norden*
nord-est (m)	*Nordosten*
nouvelle (f)	*Neuigkeit*
objet (m) exposé	*Ausstellungsstück*
obscur	*unklar, undeutlich*
observer	*beachten, beobachten*
œuvre (m)	*Werk*
oreille (f)	*Ohr*
ouest (m)	*Westen*
ouvert	*offen*
page (f)	*Seite*
pantalon (m)	*Hose*
paquet (m)	*Paket, Packung*
par terre	*auf den / dem Boden*
partager	*teilen*
partout	*überall(hin)*
passage (m)	*Abschnitt, Passage*
passeport (m)	*Pass*
patins (m, Pl) à roulettes	*Rollschuhe*
pays (m) / les pays	*Land / die Länder*
peau (f)	*Haut*
perdre, perdu	*verlieren, verloren*
permanence (f)	*Dauerhaftigkeit*
permettre, permis	*erlauben, erlaubt*
perturbé	*durcheinander, verstört*
peser, je pèse	*wiegen , ich wiege*
pied (m)	*Fuß*
plage (f)	*Strand*
plaisir (m)	*Vergnügen*
pleuvoir	*regnen*
plonger	*(ein)tauchen*
pluie (f)	*Regen*
pneu (m)	*Reifen*
poème (m)	*Gedicht*
poing (m)	*Faust*
points (m) cardinaux	*Himmelsrichtungen*
policier (m)	*Polizist*
porte-monnaie (m)	*Geldtasche*
possible	*möglich*
poupée (f)	*Puppe*
pourtant	*dennoch*
préjugé (m)	*Vorurteil*
présenter	*vorstellen, zeigen*
prêter	*borgen*
printemps (m)	*Frühling*
privilège (m)	*Privileg, Vorrecht, Vorteil*
prix (m)	*Preis*
projet (m)	*Projekt*
promesse (f)	*Versprechen*
promettre, promis	*versprechen, versprochen*
propre	*sauber*
protester	*protestieren*
prune (f)	*Zwetschke*
punir, puni	*bestrafen, bestraft*
quelques-uns	*einige*
quitter	*verlassen*
raison (f)	*Grund, Recht*
ramasser	*zusammenräumen*
ranger	*aufräumen*
rapide	*schnell*
réaliser	*realisieren*
recevoir, avoir reçu	*erhalten, erhalten haben*

réciter	*vortragen*
rédaction (f)	*Aufsatz*
réfléchir à / sur	*nachdenken über*
règle (f)	*Regel*
regretter	*bedauern*
remplacer	*vertreten, ersetzen*
rendez-vous (m)	*Treffen, Verabredung*
rendre heureux	*glücklich machen*
renoncer à	*verzichten auf*
repas (m)	*Mahlzeit, Essen*
résidence (m)	*Wohnsitz*
résoudre	*lösen*
résultat (m)	*Resultat*
réussir à l'examen	*Prüfung bestehen*
réussir	*Erfolg haben, es schaffen*
rêve (m)	*Traum*
Rhin (m)	*Rhein*
rigoler	*lachen, Spaß machen*
rire au nez de qn.	*jemanden verspotten*
robe (f)	*Kleid*
roman (m)	*Roman*
rose (f)	*Rose*
rouler	*fahren*
ruine (f)	*Ruine*
salé	*salzig*
saluer	*grüßen*
sans arrêt / cesse	*pausenlos, unaufhörlich*
s'approcher de qn.	*sich jemandem nähern*
s'asseoir	*sich setzen*
s'attendre au pire	*das Schlimmste erwarten*
savoir	*wissen*
se battre	*kämpfen*
se cacher	*sich verstecken*
se casser la tête	*sich den Kopf zerbrechen*
se charger de	*auf sich nehmen*
se complaire	*Gefallen finden*
se comporter	*sich verhalten*
se construire	*sich bauen*
se couper	*sich schneiden*
se débrouiller	*zurechtkommen*
se dépêcher	*sich beeilen*
se fâcher (avec)	*sich (mit jem.) zerstreiten*
se lamenter sur	*jammern über*
se méfier de	*sich hüten vor*
se moquer de	*sich lustig machen über*
se passer	*geschehen*
se plaindre	*sich beklagen*
se plaire	*Gefallen finden*
se remettre à faire	*wiederbeginnen*
se ressembler	*sich ähneln*
se souvenir de	*sich erinnern an*
se trouver	*sich befinden*
s'engager pour	*sich einsetzen für*
signer	*unterschreiben*
sincérité (f)	*Aufrichtigkeit*
s'occuper de	*sich kümmern um*
soirée (f)	*Abend*
somme (f)	*Summe*
songer	*nachdenken*
sonore	*klangvoll*
sort (m)	*Schicksal*
sortie (f)	*Ausgang*
souhaiter	*wünschen; gratulieren*
souligner	*unterstreichen*
sourire (m)	*Lächeln*
succès (m)	*Erfolg*
sud (m)	*Süden*

sud-ouest (m)	*Südwesten*
suivre	*folgen*
superbe	*prächtig*
supporter	*ertragen*
sûr	*sicher*
tableau (m)	*Gemälde*
tapis (m)	*Teppich*
tartine (f)	*Butterbrot*
temps (m)	*Wetter*
terre (f)	*Boden*
timbre (m)	*Briefmarke*
tobbogan (m)	*Rutsche*
tomber	*fallen*
tour (f)	*Turm*
tour (m)	*Rundfahrt; Streich*
tourner	*drehen*
tout, tous	*alles, alle*
traiter de	*behandeln als*
tranquille	*ruhig*
travail (m)	*Arbeit*
trembler	*zittern*
tricher	*schummeln*
tricoter	*stricken*
trop vite (adv.)	*zu schnell*
trou (m)	*Loch; Kaff*
truc (m)	*Ding*
tulipe (f)	*Tulpe*
usé	*abgetragen, verschlissen*
valise (f)	*Koffer*
vallée (f)	*Tal*
vase (m) en cristal	*Kristallvase*
vendre, vendu	*verkaufen, verkauft*
vêtements (m, Pl)	*Kleidung*
vie (f)	*Leben*
village (m)	*Dorf*
violon (m)	*Geige*
vitesse (f)	*Geschwindigkeit*
vocation (f)	*Berufung*
voisine (f)	*Nachbarin*
voix (f)	*Stimme*
voyager	*reisen*
vue (f)	*Aussicht*

CLÉ

pages 2, 3

1. prêtes (☺ **I**, p 5 wie: *parler*)
2. rendu (☺ **I**, p 42, p 86 wie: *vendre*)
3. faut (☺ **II**, p 24)
4. meurs (☺ **III**, p 1)
5. boit (☺ **I**, p 42)
6. mort**e** (☺ **III**, p 1)
7. rends (☺ **I**, p 42 wie: *vendre*)
8. plu (☺ **II**, p 59)
9. buvez / avez bu (☺ **I**, p 42, p 86)
10. veulent (☺ **I**, p 44) / voudraient (☺ **II**, p 37)
11. Bois (☺ **I**, p 42)
12. mets / as mis (☺ **I**, p 42, p 86)
13. morte (☺ **III**, p 1)
14. peut / pourrait (☺ **I**, p 44, ☺ **II**, p 37), voulez (☺ **I**, p 44)
15. offert (☺ **I**, p 76, p 86)
16. devenu**e** (☺ **I**, p 43 wie: *venir*, p 87)
17. fait (☺ **I**, p 5, p 86)
18. faut (☺ **II**, p 24), descendre (☺ **I**, p 76 wie: *attendre*)
19. sortez (☺ **II**, p 1)
20. Choisissez (☺ **II**, p 1 wie: *finir*)
21. mangeons (☺ **I**, p 43) / allons manger (☺ **II**, p 87)
22. vivons / avons vécu (☺ **III**, p 1)
23. cherchez / avez cherché (☺ **I**, p 5 wie : *parler*, p 86)
24. prends (☺ **I**, p 42)
25. débrouillé**e** (☺ **II**, p 71, p 74)
26. promené(**e**)**s** (☺ **II**, p 74)
27. fait (☺ **I**, p 5, p 86)
28. veux / voudrais (☺ **I**, p 44, ☺ **II**, p 37)
29. répondu (☺ **I**, p 86)
30. veut / voudrait (☺ **I**, p 44, ☺ **II**, p 37) / a voulu (☺ **I**, p 86), revoir (☺ **I**, p 44 wie: *voir*)
31. viennent (☺ **I**, p 43)
32. vit / a vécu (☺ **III**, p 1)
33. **Vive** (☺ **III**, p 1) (*im gesprochenen Französisch wäre auch* ***vivent*** *möglich)*
34. vécu (☺ **III**, p 1)
35. mourons (☺ **III**, p 1), Allons (☺ **I**, p 43)
36. buvons (☺ **I**, p 42)
37. revenu(**e**)**s** (☺ **I**, p 86, p 87)
38. savez (☺ **I**, p 44)
39. dois (☺ **I**, p 44), m'en aller (☺ **II**, p 71)
40. vit (☺ **III**, p 1)
41. court très vite (☺ **III**, p 1) / a très vite couru (☺ **I**, p 86/1)
42. vivent / ont vécu (☺ **III**, p 1)
43. vécu (☺ **III**, p 1)
44. pris (☺ **I**, p 42, p 86)
45. bois / buvez (☺ **I**, p 42)
46. préf**è**re / a préféré (☺ **I**, p 43, p 86)
47. plaît (☺ **II**, p 59)
48. mis (☺ **I**, p 42, p 86)
49. exag**è**re (☺ **I**, p 43 wie: *préférer*)
50. nous disputons / vous disputez (☺ **II**, p 71)
51. mang**e**ons / avons mangé (☺ **I**, p 43, p 86) / allons manger (☺ **II**, p 87)
52. se moque / s'est moqué**e** (☺ **II**, p 74)
53. ai posé, n'a pas répondu (☺ **I**, p 86) / pose, ne répond pas
54. se met (☺ **II**, p 72)
55. ri (☺ **III**, p 1)
56. choisi (☺ **II**, p 59)
57. Compl**è**te / Compl**é**tons / Compl**é**tez (☺ **I**, p 43 wie: *préférer*)
58. cours / courons / courez (☺ **III**, p 1)
59. veut / voudrait (☺ **I**, p 44, ☺ **II**, p 37) / a voulu (☺ **I**, p 86)
60. plu (☺ **II**, p 59)
61. réfléchit (☺ **II**, p 59 wie: *choisir*), dérange / dérangez / dérang**e**ons (☺ **I**, p 48)
62. choisit / a choisi (☺ **II**, p 59) / va choisir (☺ **II**, p 87)
63. Fais / Faites (☺ **I**, p 48)
64. Dis / Disons / Dites (☺ **I**, p 48)
65. ouvre / ouvrons / ouvrez (☺ **I**, p 48)
66. va-t'en / allons-nous-en / allez-vous-en (☺ **II**, p 71), ferme / fermons / fermez (☺ **I**, p 48)
67. s'appe**ll**e-t-il / t'appe**ll**es-tu / vous appe**l**ez-vous / il s'appe**ll**e / tu t'appe**ll**es / vous vous appe**l**ez (☺ **II**, p 71, p 82/2)
68. se termine trop vite / s'est trop vite terminé**e** (☺ **II**, p 74)
69. s'ennu**i**ent / se sont ennu**y**é**es** (☺ **II**, p 71, p 74) / vont s'ennuyer (☺ **II**, p 87)
70. me l**è**ve / me suis levé(**e**) (☺ **II**, p 71, p 74) / vais me lever (☺ **II**, p 87)
71. m'en vais / m'en suis allé(**e**) (☺ **II**, p 71, p 74) / vais m'en aller (☺ **II**, p 87)
72. meurent (☺ **III**, p 1)
73. se met / s'est mis**e** (☺ **II**, p 72, p 74)
74. ne ris pas (☺ **III**, p 1) / n'ai pas ri (☺ **I**, p 86)
75. Prends (☺ **I**, p 48)
76. ri (☺ **III**, p 1)
77. vit / a vécu (☺ **III**, p 1)
78. Vis (☺ **III**, p 1)

page 7

1. de (☺ **I** p 22)
2. du (7)
3. du (4), en (1)
4. aux (3)
5. dans le, de (6)
6. en (1)
7. au, de (6)
8. à (☺ **I** p 20), dans le, de la (5/1)
9. à (☺ **I** p 20), au, de (6)
10. à (☺ **I** p 20), au, de (6)
11. X (☺ **I** p 21/Attention3), dans le, de (6)
12. en (☺ **I** p 20/Attention1)
13. à l', de (6)
14. X (☺ **I** p 21/Attention3), dans l', de (6)
15. à (☺ **I** p 20), au, de (6)
16. en (☺ **I** p 20/Attention1)
17. au (3)
18. à (☺ **I** p 20), au, de (6)
19. à l', de l' (5/1)
20. du (7)
21. à (☺ **I** p 20), dans le, de la (5/1)
22. en (1)
23. d' (7)

24. aux (3)
25. de (2)
26. en (1)
27. en (3/Ausnahme)
28. X (☺ **I** p 21/Attention3)
29. des (4)
30. au, du (5/2)
31. dans le, de l' (5/1)
32. au, des (5/2)
33. d' (2)
34. en (1)
35. au, de l' (5/1)
36. à l', de l' (5/1)

pages 13, 14, 15

Es gibt ***verschiedene*** *Lösungsmöglichkeiten.*
Hier eine Auswahl:

1. Cathie dit qu'on va / **qu'ils vont** visiter les Châteaux de la Loire.
2. Le prof constate qu'ils n'ont pas fait attention.
3. Maman veut savoir **si nous avons** faim.
4. Il est curieux d'apprendre pourquoi **je / elle / il / pleure**.
5. Sylvie demande à Pierre **de lui montrer ses** timbres.
6. L'élève demande comment il faut faire la rédaction.
7. Elle dit qu'**elle voudrait** voir l'exposition du Louvre.
8. Pierre s'informe pour savoir où **il peut** acheter les billets.
9. Papa veut savoir **ce que j'ai** fait ce matin.
10. Maman veut savoir à quelle heure le train arrive.
11. L'enfant ne sait pas combien de mots il faut écrire.
12. Pilou ne comprend pas pourquoi **je vais** à Vienne.
13. Nathalie propose **d'aller** à la plage.
14. Elle prie Paul **de ne pas la quitter**.
15. Je ne connais pas la raison **pour laquelle** il n'est pas arrivé.
16. Il s'informe **pour savoir** qui est ce monsieur là-bas.
17. Nicole est curieuse **de savoir** avec qui nous partons / avec qui **ils partent** pour la France.
18. Le prof explique que vous devez / que **nous devons** écrire un dialogue de 40 mots.
19. Fabienne demande **si j'ai** un plan de métro.
20. Le policier veut savoir **ce que** vous savez / **nous savons** de cette affaire.
21. Elle dit qu'**elle** ne **sait** pas où commencer.
22. Il dit qu'**il** ne **peut** pas vous aider, Madame.
23. Marie veut savoir comment **va ta famille** / comment **ta famille va**.
24. Maman lui dit **de mettre son** manteau.
25. Le gardien veut savoir **ce que** vous faites / **nous faisons là / là-bas**.
26. Madame Ledoux raconte que **sa sœur / son amie** est grande.
27. Elle est curieuse **de savoir** comment il est.
28. Maman leur explique qu'il **ne faut pas manger là-bas**.
29. Monsieur Bertin ajoute qu'on a pris /qu'**ils ont pris** beaucoup de photos.
30. Françoise dit qu'**elle** ne **veut** pas aller le voir.
31. Elle ne sait pas **si** Philippe vient.
32. Marie annonce qu'on passe un film super au ciné.
33. Le douanier lui dit **d'ouvrir sa** valise.
34. Elle veut savoir **où sont ses** clés.
35. Paul répond que nous n'avons pas /qu'**ils** n'**ont** pas soif.
36. Je ne connais pas la raison **pour laquelle** il se plaint toujours.
37. Anne nous informe qu'on peut très bien manger au restaurant chinois.
38. Madame Ledoux veut savoir **si j'ai** déjà été en France.
39. Maman se demande où on va / **nous allons** passer les vacances.
40. Mireille explique qu'elle ne lui téléphone pas / qu'elle ne veut pas lui téléphoner.
41. Philippe cherche à savoir pourquoi **je suis** resté à la maison.
42. Fernand invite Pascal **à finir son** verre.
43. Colette avoue qu'**elle** n'**est** pas contente.
44. Grand-mère demande aux enfants **d'être** sages.
45. Marc cherche à savoir **ce que** tu fais / **je fais** le week-end.
46. Dis-moi comment je peux aller au Louvre.
47. Il est curieux d'apprendre avec qui tu vas / **je vais** au concert de P.K.
48. Le monsieur explique que vous **devez prendre** / qu'**il faut prendre** la troisième à gauche.
49. Maxime se demande **où est son** stylo.
50. Le prof a constaté que vous avez fait / que **nous avons** fait beaucoup de fautes.

51. Maman invite Madame Garnier **à prendre** du gâteau.
52. Elle demande **si j'ai** / si tu as vu ce film.
53. Le prof annonce qu'on va / que **nous allons** refaire ce travail.
54. Il nous informe que le concert commence à huit heures.
55. Nous voulons savoir quel bus il faut prendre pour La Chapelle.
56. Elle nous demande pourquoi **nous sommes** en retard.
57. Jaques demande **si** on va danser ce soir.
58. Robert promet qu'**il va** gagner.
59. Il ne comprend pas pourquoi ils vont à Paris.
60. Elle se demande **ce qui** va arriver.
61. Il ne comprend pas **ce qu'ils** font à Münster.
62. Papa demande à Luc combien d'argent il a dépensé.
63. Nadine ne sait pas **où est** notre chat / **où est son** chat.
64. Maman annonce que le week-end nous allons / **ils vont** faire une promenade.
65. Nicole avoue à Gilbert qu'**elle l'**aime.
66. Elle veut savoir pourquoi il est venu.
67. Elle dit qu'**elle** ne **sait** pas comment faire.
68. Papa nous interdit **de partir** seuls.
69. Marie se demande pourquoi il n'a pas téléphoné.
70. Elle informe Claire qu'il a écrit pour **lui** dire au revoir.
71. Guylaine est curieuse d'apprendre **ce qu'il** veut savoir.
72. Elle cherche à savoir où tu vas / où **je vais**.
73. Elle veut savoir **ce que** tu as / **j'ai** acheté.
74. Grand-père me défend **de dépenser** trop d'argent.
75. Il réfléchit **pour savoir ce qu'il** faut faire <u>maintenant</u> (hier passt eine Umwandlung in *alors=damals* nicht).
76. Monsieur Garnier informe la police **qu'il a** trouvé une bague.
77. Louise pense que **son amie / sa correspondante** est charmante.
78. Maman me dit **de faire mes** devoirs.
79. Simone est curieuse de savoir avec qui tu vas / **je vais** au ciné.
80. Il veut savoir **quel est mon** nom.
81. Il lui demande **ce qu'il veut**.
82. Papa propose **de rester** à la maison.
83. Elle me demande **lesquelles sont mes** chaussures.
84. Monsieur Perdtout ne sait pas **où sont** les tickets.
85. Cathie **me demande si / veut savoir si / est curieuse de savoir si ma** correspondante est jolie.
86. Les garçons **proposent d'aller** en boîte ce soir. / Les garçons **demandent si** on va en boîte ... / .... **veulent savoir si** on va ....
87. Monsieur Gabin **veut savoir comment vont mes** grands-parents / **comment mes** grands-parents **vont**. Monsieur Gabin **cherche à savoir** comment .....
88. Marcel **demande à** papa **où est sa** voiture.
89. Maman **dit qu'**il ne faut pas manger dans la salle de séjour. / Maman **ne permet pas de** manger ... / Maman **défend de** manger ... / Maman **prie de ne pas** manger ...
90. Pierre **explique qu'**il a déjà lu ce livre. / Pierre **nous informe qu'**il .... / ... **dit qu'**il ...
91. Madame Legrand **dit que son amie** / **sa voisine** sait faire la cuisine.
92. Francine **regrette d'avoir** oublié **son** plan de Paris. / F. **nous informe qu'elle a** oublié ... / **dit qu'elle a** o. ... / F. **explique** qu'elle a oublié ...
93. Elle **veut savoir si j'ai** faim. / .. si tu as faim. / Elle **me demande si j'ai** faim.
94. Le touriste **demande quand** le train part pour Paris. / Le touriste **veut savoir quand** ...
95. Nicole **me demande** à qui **j'ai** téléphoné. / Nicole **est curieuse de savoir à qui j'ai** ... / N. **cherche à savoir à qui** ...
96. Marc **demande combien** d'argent **son ami / Monsieur Gagnetout** a gagné.
97. Le professeur **nous demande de fermer** la porte. / ... **nous prie de fermer** ...
98. Monsieur Leclerc **nous invite à entrer**. / ... **nous demande d'entrer**.
99. Maman **me dit que je ne dois pas boire** trop de café. / Maman **me dit qu'il ne faut pas boire** ... / Maman **me défend de boire** trop ... / Maman **m'interdit de boire** ...
100. Le douanier **veut savoir laquelle est ma** valise.
101. Il **nous demande ce que** les enfants font. / Il **veut savoir ce que** les ...
102. Elle **me demande** pour qui **je la** prends.
103. Pierre **est curieux de savoir pourquoi** tu la quittes. / ... pourquoi **je la quitte**.
104. Fabienne **dit que sa petite sœur** est mignonne. / Fabienne **pense que** ...
105. La mère de Charles **explique que son fils** / **annonce que son fils** est en train de tourner un film.
106. Le garçon **est curieux de savoir à quoi** sert ce truc. / ... à quoi **ce truc sert**.
107. Je **voudrais savoir** comment va ta / **sa** grand-mère.
108. Célia **demande ce qui** est arrivé. / ... **cherche à savoir ce qui** ...
109. Monsieur le directeur **demande où est** le courrier du matin.
110. Jacques **veut savoir quel est mon** livre préféré.
111. La prof veut savoir **ce qui** m'intéresse.

À traduire:

1. Je ne connais pas la raison pour laquelle elle est si impolie. / Je ne connais pas la raison qui explique son impolitesse. / Je ne connais pas la raison qui explique son manque de courtoisie.
2. Dis-moi la raison pour laquelle elle n'est pas venue.
3. La raison pour laquelle il critique en permanence, est qu'il est jaloux. / Il critique en permanence parce qu'il est jaloux.
4. Reste à savoir si elle va s'excuser.
5. J'ai réfléchi pour savoir ce que ça signifie.
6. Je suis curieux / curieuse de savoir si elle va nous aider.
7. Il est curieux de savoir / d'apprendre comment elle voyage.
8. Nous sommes curieux d'apprendre pourquoi il n'est pas venu.
9. Je suis curieux / curieuse de connaître ton avis / ton opinion.

pages 18, 19

1. ce qu'
2. ce que
3. que
4. ce que
5. où
6. ce que
7. que
8. ce qu'
9. qu'
10. ce qui
11. que
12. que
13. qui
14. que
15. que
16. que
17. ce que
18. que
19. où / que / (dans laquelle; *voir aussi* ☺ **IV**)
20. que
21. qui
22. qu'
23. que
24. qui
25. qu'
26. ce qu'
27. que
28. que
29. où / (dans laquelle; *voir aussi* ☺ **IV**)
30. ce qui
31. ce qu'
32. qui
33. que
34. qui
35. ce qu'
36. ce qui
37. où
38. qu'
39. que
40. ce que
41. qu'
42. qui
43. qui
44. ce que
45. qui
46. qui
47. que
48. ce qui
49. qui
50. qu'
51. ce qu'
52. où
53. qui
54. ce qui
55. qui
56. qu'
57. ce qui
58. où
59. qu'
60. qui
61. ce que
62. ce qui
63. qui
64. qui
65. où
66. qui
67. ce qu'
68. que
69. qu'
70. où
71. ce que
72. qui
73. qui
74. que
75. qu'
76. où
77. qui
78. ce que
79. ce qu'
80. qu'
81. qu'
82. ce qui
83. que
84. où

page 21

1. C'est **toi** qui **vas** écrire une lettre à tante Estelle? (1/ Merke 1)
   C'est à tante Estelle que tu vas écrire une lettre? (2)
2. C'***est*** **nous** qui **avons** rencontré Luc. (1/ Merke 1, / Merke 2)
   C'est Luc que nous avons rencontré. (2)
3. C'est le Danube qui traverse Vienne. (1)
   C'est Vienne que le Danube traverse. (2)
4. C'est un copain qui m'a volé mon argent. (1)
   C'est mon argent qu'un copain m'a volé. (2)
5. C'est Jérôme qui s'intéresse à la musique moderne. (1)
   C'est à la musique moderne que Jérôme s'intéresse. (2)
6. C'est mon père qui veut aller en Grèce. (1)
   C'est en Grèce que mon père veut aller. (2)
7. C'est **moi** qui **ai** acheté le vin. (1/ Merke 1)
   C'est le vin que j'ai acheté. (2)
8. C'est Alain qui m'a raconté ce film. (1)
   C'est ce film qu'Alain m'a raconté. (2)
9. Ce sont les bananes qui sont trop chères. (1/ Anmerkung)
10. C'est Fabienne qui adore Brad Pitt. (1)
    C'est Brad Pitt que Fabienne adore. (2)
11. C'est la jupe qui est trop courte. (1)
12. C'***est*** **eux** / Ce ***sont*** **eux** qui **jouent** dans un club de foot. (1/ Merke 2)
    C'est dans un club de foot qu'ils jouent. (2)
13. Ce **sont** mes parents qui préfèrent la campagne. (1/ Anmerkung)
    C'est la campagne que mes parents préfèrent. (2)
14. C'est **lui** qui **boit** seulement du champagne. (1/ Merke 1)
    C'est seulement du champagne qu'il boit. (2)
15. C'est Madame Gilot qui est née en 1956. (1)
    C'est en 1956 que Madame Gilot est née. (2)
16. C'est **lui** qui **vit** à Rennes. (1/Merke 1)
    C'est à Rennes qu'il vit. (2)
17. C'est mon frère qui a gagné un prix. (1)
    C'est un prix que mon frère a gagné. (2)
18. C'est Alain qui connaît une boîte super. (1)
    C'est une boîte super qu'Alain connaît. (2)
19. C'est la France qui est connue pour ses vins et ses fromages. (1)
    C'est pour ses vins et ses fromages que la France est connue. (2)
20. C'est **moi** qui **ai** une correspondante japonaise. (1/ Merke 1)
    C'est une correspondante japonaise que j'ai. (2)
21. C'***est*** **nous** qui **cherchons** un bon restaurant. (1/ Merke 1, Merke 2)
    C'est un bon restaurant que nous cherchons. (2)
22. C'est **lui** qui a perdu son chapeau. (1/ Merke 1)
    C'est son chapeau qu'il a perdu. (2)
23. C'est elle qui a invité François. (1)
    C'est François qu'elle a invité. (2)
24. C'est **toi** qui **as** acheté le pain? (1/ Merke 1)
    C'est le pain que tu as acheté? (2)
25. C'est Pierre qui est venu en patins à roulettes. (1)
    C'est en patins à roulettes que Pierre est venu. (2)
26. C'***est*** **eux** / Ce ***sont*** **eux** qui se rencontrent au Café Paradis. (1/ Merke 1, Merke 2)
    C'est au Café Paradis qu'ils se rencontrent. (2)
27. C'est la musique classique qui ne lui plaît pas. (1)
28. C'est aux Galeries Lafayette qu'on trouve des C.D. super. (2)
29. C'est Dominque qui oublie toujours ses devoirs.(1)
30. C'est Nicole qui va être triste. (1)
31. C'est Monsieur Gilot qui a perdu son ticket de métro. (1)
    C'est son ticket de métro que Monsieur Gilot a perdu. (2)
32. C'***est*** **vous** qui **avez** entendu Bertrand? (1/ Merke 1, Merke 2)
    C'est Bertrand que vous avez entendu? (2)
33. C'est à neuf heures qu'on se rencontre. (2)
34. C'est **moi** qui **ai** soif. (1/ Merke 1)
35. Ce **sont** les enfants qui ont mangé du chocolat. (1/ Anmerkung)
    C'est du chocolat que les enfants ont mangé. (2)
36. C'***est*** **eux** / Ce ***sont*** **eux** qui ont bu mon vin! (1/ Merke 1, Merke 2)
    C'est mon vin qu'ils ont bu! (2)
37. C'est **lui** qui aime les films avec Julia Roberts. (1/ Merke 1)
    Ce sont les films avec J.R. qu'il aime. (2)

pages 25, 26

1. Ils **en** ont discuté. (règle 2), (p 31/3)
2. Tu **en** as besoin maintenant? (2)
3. **en** fait (3)
4. Nadine s'**en** moque. (2)
5. Pierre **en** fait aussi. (3)
6. Tu **en** prends? (3)
7. Maman t'**en** donne? (3)
8. j'**en** ai besoin. (2)
9. Vous **en** prenez? (3)
10. Tu **en** voudrais **un**? (3/Anmerkung)
11. **en** est content. (2)
12. **en** mets (3)
13. Il parle toujours **d'eux.** (2/Achtung)
14. Tout le monde **en** parle. (2)
15. Alain a pris une photo superbe **d'elle**. (2/Achtung)
16. **en** ont **une** (3/Anmerkung)
17. je n'**en** reviens pas. (1)
18. Il **en** est fier. (2)
19. j'**en** ai acheté. (3), (p 31/3)
20. elle **en** est revenue. (1), (p 31/3)
21. je n'**en** veux pas. (3)
22. j'**en** ai envie. (4)
23. il **en** a peur. (2)
24. Il se moque toujours **de lui**. (2/Achtung)
25. J'ai besoin **de lui** ce soir. (2/Achtung)
26. je **l'**ai acheté. (☺ **I** p 73)
27. On va parler **d'eux**. (2/Achtung)
28. Fernand aime s'**en** occuper. (2), (p 31/3)
29. **en** prends (3)
30. n'**en** prend jamais. (3)
31. il y **en** a encore. (3)
32. Paul est content **d'elle**. (2/Achtung)
33. **en** (3)
34. il **en** joue (3)
35. Elle **en** parle toujours. (2)
36. Je m'**en** souviens. (2)
37. Nous **en** sommes très contents. (2)
38. n'**en** veux plus. (3)
39. **en** bois (3)
40. Les filles ont parlé **d'eux**. (2/Achtung)
41. j'**en** viens. (1)
42. Maman a pris une photo **d'elle**. (2/Achtung)
43. Il **en** descend les escaliers. (1)
44. Nous **en** avons envie. (2)
45. Vous vous souvenez **d'eux**? (2/Achtung)
46. J'**en** prends une cuillère. (3)
47. Il **en** a trois. (3)
48. Non, ils n'**en** ont pas. (3)
49. Elle **en** est fière. (4)
50. Elle **en** est perturbée. (4)
51. Vous m'**en** donnez encore? (3)
52. Oui, j'**en** voudrais **un**. (3/Anmerkung)
53. Non, je n'**en** ai plus. (3)
54. J'**en** mange une. (3)
55. Il **en** a rencontré beaucoup. (3), (p 31/3)
56. Elle s'occupe **de lui**. (2)
57. Oui, je m'**en** souviens. (2)
58. Les enfants **en** sont revenus. (1), (p 31/3)
59. Les garçons **en** sont sortis. (1), (p 31/3)
60. Non, il ne sait pas **en** jouer. (3), (p 31/3)
61. Elle **en** est heureuse. (4)
62. J'**en** ai acheté trois bouteilles. (3), (p 31/3)
63. Oui, j'**en** prends. (3)
64. Oui, il **en** a pris **une**. (3/Anmerkung), (p 31/3)
65. Il rêve toujours **d'elle**. (2/Achtung)
66. Maman **en** est revenue à cinq heures. (1), (p 31/3)
67. Elle **en** fait. (3)
68. Oui, je suis content **de lui** / **d'elle**. (2/Achtung)
69. J'**en** mets deux cuillères à café. (3)
70. On a besoin **d'elle** aujourd'hui. (2/Achtung)
71. Oui, il y **en** a encore. (3)
72. Non, je n'**en** voudrais / veux plus. (3)
73. Elle **en** est très contente. (2)
74. Oui, je **l'**ai apporté / nous **l'**avons apporté. (☺ **I** p 73)
75. Je vais **en** acheter quatre. (3), (p 31/3)
76. J'**en** bois une bouteille par semaine. (3)
77. **En** as-tu une pour moi? (3)
78. Oui, je **les** ai faits. (☺ **I** p 73)
79. Il **en** a bu deux verres. (3), (p 31/3)

page 29

1. Papa nous **y** donne rendez-vous. (p 27, règle 1), (p 31 règle 3)
2. Pilou vous **y** attend. (1), (p 31/3)
3. Fabienne **y** est animatrice. (1), (p 31/3)
4. Il nous **y** attend. (1), (p 31/3)
5. Non, je ne veux pas **le** visiter. (☺ **I** p 74/2)
6. Oui, j'**y** travaille. / nous **y** travaillons (2), (p 31/3)
7. Nous vous **y** attendons. (1), (p 31/3)
8. Oui, j'**y** joue. (2), (p 31/3)
9. Non, je n'**y** arrive pas. (2), (p 31/3)
10. Non, **il** ne s'**y** trouve pas. (1), (p 31/2)
11. Il **y** pense souvent. (2), (p 31/3)
12. Tiens, je **l'y** ai rencontré! (1), (p 31/3), (☺ **I** p 74/2)
13. Elle pense toujours **à lui**. (p 28 / Anmerkung 2)
14. On **y** va? (1), (p 31/3)
15. Daniel **y** attend. (1), (p 31/3)
16. Oui, j'**y** ai pensé. (2), (p 31/3)
17. Maman **y** a pensé. (2), (p 31/3)
18. Oui, il **y** est déjà. (1), (p 31/3)
19. Oui, elles **y** sont. (1), (p 31/3)
20. Elle n'**y** a plus pensé. (2), (p 31/2)
21. Pilou ira. (1/ Anmerkung 1)
22. Oui, je **l'**ai acheté.(☺ **I** p 73/1)
23. Oui, on va **y** prendre une glace. (1), (p 31/3)
24. On **y** entre par une grande porte. (1), (p 31/3)
25. Oui, je vous **y** attends / je t'**y** attends. (1), (p 31/3)
26. Oui, je m'**y** suis amusée. (1), (p 31/3)
27. Oui, nous **y** sommes maintenant. (1), (p 31/3)
28. Non, il ne s'**y** intéresse pas. (2), (p 31/2)
29. Pensez-**y**! (2), (p 32/5)
30. Bertrand ne pense plus **à elle**. (p 28 / Anmerkung 2)
31. Non, je **n'irai** pas. (1 / Anmerkung 1)
32. J'**y** réfléchis toujours. (2), (p 31/3)
33. Oui, on va **y** manger. (1), (p 31/3)
34. Elle s'intéresse beaucoup **à lui**. (p 28 / Anmerkung 2)
35. Il va **y** faire ses études. (1), (p 31/3)
36. Papa **y** est encore. (1), (p 31/3)
37. Oui, on va **y** faire un tour. (1), (p 31/3)
38. Non, elle n'**y** est plus. (1), (p 31/3)
39. Maman **y** travaille. (1), (p 31/3)
40. Non, je ne veux pas aller **chez elle**. (☺ **II** p 8 règle 10, pronoms toniques)

page 30

1. y (p 28/3)
2. en (p 24/5)
3. en (p 24/5)
4. en (p 24/5) / y (p 28/3)
5. y (p 28/3)
6. en (p 24/5)
7. en (p 24/5)
8. en (p 24/5)
9. y en (p 24/5)
10. en (p 24/5)
11. y (p 28/3)
12. y (p 28/3)
13. y (p 28/3)
14. en (p 24/5)
15. en (p 24/5)
16. y (p 28/3)
17. y (p 28/3)
18. y, y (p 28/3)
19. en (p 24/5)
20. en (p 24/5)
21. y (p 28/3)
22. y en (p 24/5)
23. en (p 24/5)
24. y (p 28/3)
25. en (p 24/5)
26. y (p 28/3)
27. y (p 28/3)
28. y (p 28/3)
29. en (p 24/5)
30. en (p 24/5)
31. en (p 24/5)
32. en (p 24/5)
33. en (p 24/5)
34. en (p 24/5)
35. y (p 28/3)
36. en (p 24/5)
37. en (p 24/5)
38. en (p 24/5)
39. en (p 24/5)
40. y (p 28/3)

pages 34, 35, 36

1. Est-ce que tu **en** veux? (p 23/ règle 3)
2. Oui, j' **en** ai deux cents environ. (p 23/3)
3. Non, je ne **l'**ai pas acheté! Je **l'**ai oublié! (☺ **I** p 73)
4. Il invite sa famille **y** compris ... (p 28/3)
5. Nos parents nous **y** attendent. (p 27/1)
6. Nous **en** sommes sortis à huit heures du soir. (p 22/1)
7. Fabienne va **y** réfléchir. (p 27/2)
8. Il n'**y** est pour personne. (p 28/3)
9. Il m'**en** veut encore. (p 24/5)
10. Elle s'**y** connaît. (p 28/3)
11. Oui, j'**en** viens. (p 22/1)
12. Attends! Je n'**y** comprends rien! (p 28/3)
13. Je m'**en** suis allé à huit heures. (p 24/5)
14. Oui, elle **en** est heureuse. (p 22/2)
15. Oui, jc vais **y** penser! (p 27/2)
16. Oui, j'<u>**irais**</u> (☺ **IV**: le conditionnel), si j'avais (☺ **III** p 91: l'imparfait) le temps. (p 27/1/Anmerkung 1)
17. On va sortir **sans eux**. (☺ **II** p 8/10)
18. Mon livre était sur la table, mais il n'**y** est plus. (p 27/1)
19. Je ne peux pas **en** croire mes yeux! (p 24/5)
20. Monsieur Gabin **y** a habité. (p 27/1)
21. Oui, je **lui** ai déjà écrit. (☺ **II** p 78)
22. Oui, il y **en** a encore. (p 23/3)
23. Non, je n'**y** vais pas. (p 27/1)
24. La voiture **y** est. (p 27/1)
25. Fabienne veut bien **y** rester. (p 27/1)
26. Oui, il voudrait bien rester **chez eux**. (☺ **II** p 8/10)
27. Nous avons beaucoup parlé **d'eux**. (p 22/2/Achtung)
28. Il m'a montré une photo **d'elle**. (p 22/2/Achtung)
29. Je n'**en** ai plus. (p 23/3)
30. Maman **y** est entrée. (p 27/1)
31. Oui, ils **y** sont déjà. (p 27/1)
32. Oui, il vient **de chez elle**. (p 22/2/Achtung), (☺ **II** p 8/10)
33. Non, elle ne **lui** téléphone pas. (☺ **II** p 78)
34. J'**en** suis heureux. (p 22/2)
35. Oui, j'**y** ai laissé mes clés. (p 27/1)
36. Elles aiment s'**y** mettre. (p 27/1)
37. Oui, il y **en** a encore. (p 23/3)
38. Non, elle n'**y** pense jamais. (p 27/2)
39. Maman **en** vient. (p 22/1)
40. Grand-père **y** a déjà été. (p 27/1)
41. Oui, il **y** pense toujours. (p 27/2)
42. Oui, j'**en** ai **un**. (p 23/3/Anmerkung)
43. Non, on n'**y** va pas. Il fait froid. (p 27/1)
44. Oui, nous **leur** écrivons. (☺ **II** p 78)
45. J'**en** prends cinq. (p 23/3)
46. Je t'**y** accompagne. (p 27/1)
47. Madame Pessaud **y** habite. (p 27/1)
48. Le chat s'**y** est caché. (p 27/1)
49. N'**y** va pas! (p 27/1)
50. Oui, achetez-**en**! (p 23/3), (p 32/6)
51. Achète<u>s</u>**-en** deux! (p 23/3), (p 32/6)
52. Qu'est-ce que vous **en** pensez? (p 22/2)
53. Non, malheureusement je n'**en** ai pas. (p 23/3)
54. Va<u>s</u>**-y** maintenant! (p 27/1), (p 32/6)
55. J'**en** prends 250 grammes. (p 23/3)
56. J'**y** pense. (p 27/2)
57. Non, il n'<u>**ira**</u> (☺ **IV**: le futur), pas **y** travailler. (p 31/3)
58. Oui, nous avons envie d'**y** aller. (p 27/1)
59. Elle **lui** téléphone. (☺ **II** p 78)
60. Il **en** est très malheureux. (p 24/4)
61. J'**en** ai trois. (p 23/3)
62. Oui, je **les** aime (beaucoup). (☺ **I** p 73)
63. Oui, j'**en** mange. (p 23/3)
64. Non, je n'**en** mange pas beaucoup. (p 23/3)
65. Oui, on **y** va. (p 27/1)
66. Non, je ne veux plus **y** rester. (p 27/1)
67. Oui, nous **en** parlons. (p 22/2)
68. Fabienne **y** a travaillé cet été. (p 27/1)
69. Quand est-ce que vous voulez **en** partir? (p 22/1)
70. Oui, nous **y** sommes montés. (p 27/1)
71. J'**en** mange deux. (p 23/3)
72. Elle **lui** montre sa nouvelle robe. (☺ **II** p 78)
73. Elle ne veut plus **y** penser. (p 27/2)
74. Oui, il s'**y** est bien amusé. (p 27/1)
75. Oui, il doit **y** rester. (p 27/1)

76. J'**en** ai deux. (p 23/3)
77. Allez-**y**, les enfants. (p 27/1), (p 32/6)
78. Mais si, on **ira** (☺ **IV**: le futur) encore (p 27/1/Anmerkung/1)
79. Oui, il m'**en** faut encore. (p 23/3)
80. Oui, il **en** a beaucoup. (p 23/3)
81. Non, je n'**en** ai pas (encore) trouvé. (p 23/3)
82. Qu'est-ce que tu penses **de lui**? (p 22/2/Achtung)
83. Il désire **y** aller. (p 27/1)
84. Il **y** va de temps en temps. (p 27/1)
85. Offre-**m'en**! (p 23/3), (p 32/6)
86. Offre**s-en**! (p 23/3), (p 32/6)
87. J'**en** ai 50. (p 23/3)
88. Oui, je vais **en** chercher. (p 23/3)
89. Non, je n'**en** prends pas. (p 23/3)
90. Monsieur Gabin **y** habite depuis 5 ans. (p 27/1)
91. Je n'**en** fais jamais. (p 23/3)
92. On n'**y** va plus. (p 27/1)
93. Elle a décidé de ne plus penser **à lui**. (p 28/Anmerkung 2)
94. Tu dois **l'**emporter. (☺ **I** p 73)
95. Vous m'**en** apportez? (p 23/3)
96. Oui, nous devons **en** écrire **un**. (p 23/3/Anmerkung)
97. Il n'**y** réfléchit jamais. (p 27/2)
98. J'**en** viens directement. (p 22/1)
99. Oui, j'**y** ai été. (p 27/1)
100. Elle ne va pas **chez lui** aujourd'hui. (☺ **II** p 8/10)
101. Elle ne va pas **chez elle**. (☺ **II** p 8/10)
102. Oui, j'**y** ai déjà été. (p 27/1)
103. Non, je ne peux pas vous **y** emmener / je ne peux pas t'**y** emmener. (p 27/1)
104. Il ne peut plus **y** rester parce qu'il est malade. (p 27/1)
105. Est-ce que tu **en** as **un**? (p 23/3/Anmerkung)
106. Il a trente ans et sa femme **en** a vingt-neuf. (p 23/3)
107. Oui, je te **la** prête. (☺ **I** p 73)
108. Il **y en** a qui disent que François **en** a acheté encore **une**. (p 23/3/Anmerkung; p 24/5)
109. Oui, j'**y** ai pensé. (p 27/2)
110. Il veut bien **y** aller. (p 27/1)
111. François **en** joue encore? (p 22/2)
112. Papa **leur** prépare un dîner délicieux.(☺ **II** p78)
113. Je préfère **y** retourner. (p 27/1)
114. S'il te plaît, ne m'**en** parle plus. (p 32/5)
115. Elle s'**y** est jetée. (p 27/1)
116. Il m'**en** parle. (p 22/2)
117. Il ne veut plus **y** penser. (p 27/2)
118. Papa vous **y** attend. (p 27/1)
119. Oui, j'**y** joue. (p 27/2)
120. Oui, j'**en** ai envie / nous **en** avons envie. (p 22/2)
121. Sa mère **y** travaille. (p 27/1)
122. Il **en** a peur. (p 22/2)
123. J'**en** suis désolée. (p 22/2)

page 37

À réviser: La place *des adverbes pronominaux* et *des pronoms*. (p 31-33)

1. Nous **les y** rencontrons.
2. Je voudrais **y** aller **avec lui**.
3. Elle **en** a reçu **une d'elle**.
4. On va **y** manger **avec eux**.
5. Maman **lui en** a apporté.
6. Oncle Marc **leur en** donne.
7. Je veux **lui en** parler.
8. Oui, je **l'y** ai déjà vu.
9. Non, je ne **l'y** ai pas lu.
10. Non, je n'**y en** mets pas.
11. Apporte-**les-y**!
12. Oui, ils **y** sont allés avec **elle**.
13. Elle **en** a préparé **un** pour **eux**.
14. Oui, il **y en** a encore.
15. **Elle le leur** a expliqué.
16. Oui, je **lui en** ai parlé.
17. Non, il ne me **l'**a pas encore rendu.
18. **Elle leur en** a offert.
19. Elle **leur en** lit.
20. Oui, nous **l'y** avons pris.
21. Elle **la lui** montre.
22. Nous **l'y** avons vu.
23. Tu vas **l'**acheter?
24. Papa **les lui** donne?
25. Tu vas **les** voir cet après-midi?
26. Nous **lui en** avons offert **un**.
27. Oui, je **leur en** ai déjà parlé.
28. Oui, achetons-**nous-en** un cornet! / Oui, on s'**en** achète un cornet!
29. **Elle leur en** offre **un**.
30. Montre-**la-lui**!
31. Non, elle ne me **l'**a pas montré / ne nous **l'**a pas montré.
32. Elle **le lui** a donné.
33. Oui, elle **les y** met.
34. Mets-**les-y**!
35. Donne-**la-leur**!
36. Offre-**lui-en**!
37. Elle **le lui** lit.
38. Elle **les y** achète.
39. Il faut **leur en** préparer.
40. Je voudrais **leur en** envoyer **une**.

page 42

1. Oui, elle **l'**a accepté. (p 39 / Merke)
2. Oui, il va **le** promettre. (p 39 / Merke)
3. Non, nous ne **l'**avons pas essayé. (p 39 / Merke)
4. Oui, je **l'**ai essayé. (p 39 / Merke)
5. Qu'est-ce que vous **en** pensez?
6. Oui, je **le** regrette. (p 39 / Merke)
7. Oui, il **en** a parlé.
8. Oui, je l'**en** ai persuadé.
9. Oui, elle **l'**a oublié. (p 39 / Merke)
10. Oui, il s'**en** occupe.
11. Oui, je **le** crains. (p 39 / Merke)
12. Oui, nous **l'**avons décidé. (p 39 / Merke)
13. Oui, elle **l'**a demandé. (p 39 / Merke)
14. Oui, je m'**en** souviens.

15. Oui, il **l'**a évité. (p 39 / Merke)
16. Non, il ne nous **l'**a pas interdit. (p 39 / Merke)
17. Oui, il **l'**a juré. (p 39 / Merke)
18. Oui, elle **l'**a mérité. (p 39 / Merke)
19. Non, il ne s'**en** est pas excusé.
20. Oui, elle **le** leur a ordonné. (p 39 / Merke)
21. Oui, elle **l'**a oublié. (p 39 / Merke)
22. Oui, ils me **le** permettent. (p 39 / Merke)
23. Oui, elle s'**en** plaint toujours.
24. Oui, je **le** promets. (p 39 / Merke)
25. Non, il ne **l'**a pas proposé. (p 39 / Merke)
26. Non, je ne **le** regrette pas. (p 39 / Merke)
27. Oui, il s'**en** est chargé.
28. Oui, il **l'**a promis. (p 39 / Merke)
29. Oui, elle **en** rêve.
30. Oui, **le** lui souhaite. (p 39 / Merke)
31. Oui, je **le** risque. (p 39 / Merke)
32. Oui, il **en** rit.
33. Oui, elle l'**en** a persuadé.
34. Oui, il **l'**a évité. (p 39 / Merke)
35. Oui, elle me **le** reproche. (p 39 / Merke)
36. Oui, elle **en** rêve encore.
37. Oui, elle **l'**a essayé.
38. Oui, je m'**en** suis étonné.
39. Oui, elle s'**en** est vengée.
40. Oui, il nous **en** a félicité / m'**en** a félicité.

pages 45, 46

1. **à** (page 43)
2. **de** (p 38)
3. **à** (p 43)
4. **de** (p 38)
5. **à** (p 43) / **de** (p 38)
6. **des** (de+les=des) (p 39)
7. **à** (p 43)
8. **de** (p 38)
9. **de** (p 38) / **à** (parler à qn. = 3. Fall)
10. **à** (p 43)
11. **à** (p 44/2)
12. **à** (p 43)
13. **de** (p 39) / **sur** (p 50)
14. **à** (p 44/2)
15. **de** (p 40/2)
16. **de** (p 38)
17. **à** (p 44/2)
18. **d'** (p 40/3)
19. **à** (demander à qn. = 3. Fall) ... **de** (p 38)
20. **à** (p 44/2)
21. **de** (p 40/2)
22. **à** (p 43)
23. **de** (p 40/3)
24. **à** (p 43)
25. **de** (p 40/2)
26. **à** (p 43)
27. **de** (p 38)
28. **à** (p 43)
29. **d'** (p 38)
30. **de** (p 40/3)
31. **de** (p 39)
32. **à** (p 43)
33. **à** (p 43)
34. **de** (p 38)
35. **à** (p 43)
36. **à** (p 47)
37. **à** (p 44/2)
38. **à** (p 43)
39. **d'** (p 39)
40. **à** (p 43) / **de** (p 38), (p 48/2)
41. **de** (p 38)
42. **à** (p 43)
43. **de** (p 38)
44. **à** (p 43)
45. **à** (p 43)
46. **d'** (p 38)
47. **à** (p 44/2)
48. **à** (p 43)
49. **de** (p 38)
50. **à** (p 43)
51. **de** (p 39)
52. **de** (p 38)
53. **de** (p 39)
54. **à** (p 43)
55. **de** (p 38)
56. **de** (p 38)
57. **à** (p 43)
58. **à** (p 44/2)
59. **de** (p 40/3)
60. **de** (p 40/2)
61. **d'** (p 38)
62. **à** (p 43)
63. **de** (p 40/2)
64. **de** (p 38) / **X** / **sur** (p 50)
65. **à** (p 43)
66. **de** (p 38)
67. **de** (p 38)
68. **de** (p 39)
69. **d'** (p 38)
70. **de** (p 38)
71. **de** (p 38)
72. **de** (p 38)
73. **à** (p 43)
74. **de** (p 38)
75. **à** (p 43)
76. **d'** (p 38)
77. **à** (p 43)
78. **de** (p 41)
79. **de** (p 38)
80. **d'** (p 39)
81. **à** (p 43)
82. **à** (p 44/3)
83. **d'** (p 38)

pages 51, 52

1. **à** (p 47)
2. **X** (p 49)
3. **à/de** (p 48/2), **de** (p 47)
4. **d'** (p 49)
5. **X** (p 49)
6. **avec** (p 50)
7. **de** (p 49)
8. **De** (p 47)
9. **de** (p 48)
10. **à** (p 47)
11. **de** (p 39)
12. **à** (p 48/3)
13. **par, par** (p 50)
14. **à** (p 49)

15. **de** (p 47)
16. **de** (p 39)
17. **X** (p 49)
18. **X** (p 49)
19. **X** (p 49)
20. **de** (p 47)
21. **de** (p 47)
22. **X** (p 49)
23. **à** (p 47)
24. **au** (p 47)
25. **à** (p 49)
26. **pour** (p 50)
27. **X** (p 49)
28. **à** (p 49)
29. **à** (p 47)
30. **de** (p 49)
31. **à** (p 47)
32. **de** (p 47)
33. **X** (p 48/3)
34. **de** (p 47)
35. **à/de** (p 48/2)
36. **à** (p 47)
37. **X** (p 48/3)
38. **à** (p 47)
39. **d'** (p 49)
40. **à** (p 47)
41. **à** (p 47)
42. **de** (p 48)
43. **en** (p 49)
44. **X** (p 49)
45. **d'** (p 47)
46. **de** (p 47)
47. **à** (p 47)
48. **à** (p 47)
49. **de** (p 47)
50. **de** (p 47)
51. **d'** (p 47)
52. **de** (p 48/3)
53. **par** (p 50)
54. **à** (p 47)
55. **de** (p 48/3)
56. **à** (p 47)
57. **à** (p 48) / **X** (p 54/4)
58. **à** (p 49)
59. **de** (p 49)
60. **à** (p 47)
61. **par** (p 50)
62. **de** / **X** (p 38) / **sur** (p 50)
63. **À** (p 48/3)
64. **de** (p 49)
65. **de** (p 48)
66. **de** (p 47)
67. **à** (p 47)
68. **à** (p 48)
69. **de** (p 48/3)
70. **à** (p 48/3)
71. **d'** (p 47)
72. **de** (p 48/3)
73. **d'** (p 47)
74. **de** (p 47)
75. **à** (p 48/3)
76. **à** (p 43)
77. **X** (p 48/3)
78. **d'** (p 49)
79. **au** (p 49)
80. **de** (p 48/3)
81. **pour** (p 50)
82. **avant de** (p 50)

page 55

1. **de, pour** (p 50)
2. **X** (p 54/3)
3. **X** (p 54/3)
4. **X** (p 53/1)
5. **de** (p 38/1)
6. **X** (p 54/5)
7. **X** (p 53/2)
8. **de** (p 38/1)
9. **X** (p 53/2)
10. **à** (p 47)
11. **X** (p 54/3)
12. **X** (p 53/2)
13. **de** (p 50)
14. **X** (p 53/1)
15. **X** (p 54/5)
16. **X** (p 54/4)
17. **de** (p 38/1)
18. **X** (p 54/5)
19. **X** (p 53/1)
20. **de** (p 53/2/Aber)
21. **X** (p 53/2)
22. **X** (p 54/3)
23. **X** (p 53/2)
24. **X** (p 54/3)
25. **X** (p 54/3)
26. **X** (p 53/2)
27. **X** (p 53/2)
28. **de** (p 38/1)
29. **X** (p 54/4/Merke)
30. **X** (p 54/5)
31. **à** (p 54/5/Aber)
32. **X** (p 54/5)
33. **à** (p 54/4/Aber), **de** (p 38/1)
34. **à** (p 54/5/Aber)
35. **à** (p 53/2/Aber)
36. **à** (p 43/1)
37. **X** (p 54/5)
38. **X** (p 54/4/Merke)
39. **X** (p 54/3)
40. **X** (p 53/2)
41. **d'** (p 38/1)

page 59

1. je l'ai écrit**e** (p 57 règle 1)
2. nous les avons vu**es** (p 57 règle 1)
3. elle les a regardé**s** jouer (p 58 règle 3)
4. je les ai invité**es** (p 57 règle 1)
5. elle ne les a pas préparé**s** (p 57 règle 1)
6. il l'a lu**e** (p 57 règle 1)
7. elle les a acheté**es** (p 57 règle 1)
8. je l'ai déjà trouvé**e** (p 57 règle 1)
9. il ne l'a pas fumé**e** (p 57 règle 1)
10. il a voulu les voir (p 57 règle 2)
11. ils l'ont entendu**e** venir (p 58 règle 3)
12. il les a fait faire (p 58 règle 3, Achtung)
13. il l'a vu**e** venir (p 58 règle 3)
14. il ne l'a pas encore réparé**e** (p 57 règle 1)
15. il l'a envoyé**e** chercher des fleurs (p 58 règle 3)
16. ils ont dû les payer (p 57 règle 2)
17. nous les avons attendu**es** (p 57 règle 1)

18. elle l'a cass**ée** (p 57 règle 1)
19. nous ne les avons pas regard**ées** (p 57 règle 1)
20. ils les ont apport**ées** (p 57 règle 1)
21. elle l'a fait**e** (p 57 règle 1)
22. il ne l'a pas pris**e** (p 57 règle 1)
23. j'ai pu les passer (p 57 règle 2)
24. elle a su les faire (p 57 règle 2)
25. je ne les ai pas invit**ées** (p 57 règle 1)
26. elle a voulu l'acheter (p 57 règle 2)
27. elle les a laiss**ées** partir (p 58 règle 3)
28. on l'a vu**e** traverser la rue (p 58 règle 3)
29. elle ne l'a pas choisi**e** (p 57 règle 1)
30. je l'ai rencontr**ée** (p 57 règle 1)
31. il les a fait venir (p 58 règle 3/Achtung)
32. ils ne l'ont pas écout**ée** (p 57 règle 1)
33. elle l'a quitt**ée** (p 57 règle 1)
34. nous les avons déjà command**ées** (p 57 règle 1)
35. nous ne les avons pas oubli**és** (p 57 règle 1)
36. je l'ai aid**ée** (p 57 règle 1)
37. je l'ai compris**e** (p 57 règle 1)
38. elle ne les a pas pos**ées** (p 57 règle 1)
39. elle les a oubli**ées** (p 57 règle 1)

pages 64, 65, 66

1. rencontré *(bei avoir, ohne vorangestelltes Pronomen im 4.Fall, keine Übereinstimmung,* ☺ **I** p 86*)*, rencontr**ée** (p 57/1)
2. choisi**e** (p 62/4)
3. écrit, écrit (p 60, *3.Fall*)
4. envoyé(**e**)**s** (p 58/3)
5. fait (p 58/3/Achtung)
6. parlé (p 60, *3.Fall*)
7. fait**s** (p 63/6)
8. demandé (p 60, *3.Fall*)
9. laiss**ée** (p 58/3)
10. envoy**ée** (p 58/3)
11. offert (p 60, *3.Fall*)
12. vu(**e**)**s** (p 58/3)
13. demandé (p 60, *3.Fall*)
14. vu *(bei avoir, ohne vorangestelltes Pronomen im 4.Fall, keine Übereinstimmung,* ☺ **I** p 86*)*, regard**ées** (p 58/3)
15. trouvé *(bei avoir, ohne vorangestelltes Pronomen im 4.Fall, keine Übereinstimmung,* ☺ **I** p 86*)*, cherch**ées** (p 63/5)
16. appel**ée** (p 57/1)
17. entendu**e** (p 57/1)
18. rencontr**ée** (p 63/5)
19. acheté *(bei avoir, ohne vorangestelltes Pronomen im 4.Fall, keine Übereinstimmung,* ☺ **I** p 86*)*, achet**és** (p 57/1)
20. dû *(bei avoir, ohne vorangestelltes Pronomen im 4.Fall, keine Übereinstimmung,* ☺ **I** p 86*)*
21. invit**ées** (p 62/4)
22. achet**ées** (p 63/5)
23. invit**ées** (p 57/1)
24. regard**és** (p 63/6)
25. laiss**ée** (p 58/3)
26. donné (p 60, *3.Fall*)
27. fait *(bei avoir, ohne vorangestelltes Pronomen im 4.Fall, keine Übereinstimmung,* ☺ **I** p 86*)*, fait**s** (p 57/1)
28. fait (p 58/3/Achtung)
29. vu *(bei avoir, ohne vorangestelltes Pronomen im 4.Fall, keine Übereinstimmung,* ☺ **I** p 86*)*, vu**es** (p 57/1)
30. répondu (p 60, *3.Fall*)
31. montré (p 60, *3.Fall*)
32. appris (p 60, *3.Fall*)
33. aid**ée** (p 57/1)
34. mis**e** (p 62/4)
35. téléphoné (p 60, *3.Fall*)
36. écouté *(bei avoir, ohne vorangestelltes Pronomen im 4.Fall, keine Übereinstimmung,* ☺ **I** p 86*)*, écout**ée** (p 57/1)
37. dit (p 60, 3.Fall)
38. pris *(bei avoir, ohne vorangestelltes Pronomen im 4.Fall, keine Übereinstimmung,* ☺ **I** p 86*)*, pris**es** (p 57/1)
39. entendu**e** (p 58/3)
40. achet**ée** (p 63/5)
41. eu *(bei avoir, ohne vorangestelltes Pronomen im 4.Fall, keine Übereinstimmung,* ☺ **I** p 86*)*, eu**es** (p 57/1)
42. invit**ée**, invit**ée** (p 57/1)
43. pris *(bei avoir, ohne vorangestelltes Pronomen im 4.Fall, keine Übereinstimmung,* ☺ **I** p 86*)*, pris**e** (p 57/1)
44. reconnu**e** (p 57/1)
45. téléphoné (p 60, *3.Fall*)
46. mis (p 62/4)

47. vu *(bei avoir, ohne vorangestelltes Pronomen im 4.Fall, keine Übereinstimmung,* ☺ **I** p 86), regardé**e** (p 57/1)
48. offert (p 60, *3.Fall*)
49. fait (p 58/3/Achtung)
50. regardé *(bei avoir, ohne vorangestelltes Pronomen im 4.Fall, keine Übereinstimmung,* ☺ **I** p 86), regardé**s** (p 57/1)
51. acheté**e** (p 63/5), vu**e** (p 57/1)
52. entendu *(bei avoir, ohne vorangestelltes Pronomen im 4.Fall, keine Übereinstimmung,* ☺ **I** p 86), entendu**e** (p 58/3)
53. mangé**es** (p 63/6)
54. pris**e** (p 63/5)
55. apporté (p 60, *3.Fall*)
56. montré (p 60, *3.Fall*)
57. chanté (p 60, *3.Fall*)
58. préparé**s** (p 63/5)
59. montré**e** (p 63/5), pris**e** (p 61/1)
60. gagné**s** (p 63/5)
61. acheté**es** (p 63/6)
62. reçu**e** (p 57/1)
63. accompagné *(bei avoir, ohne vorangestelltes Pronomen im 4.Fall, keine Übereinstimmung,* ☺ **I** p 86), accompagné**e** (p 57/1)
64. offert (p 60, *3.Fall*)
65. aidé *(bei avoir, ohne vorangestelltes Pronomen im 4.Fall, keine Übereinstimmung,* ☺ **I** p 86), aidé**e** (p 57/1)
66. vu**e** (p 63/5)
67. écrit (p 60, *3.Fall*)
68. fait**e** (p 63/5)
69. laissé**es** (p 58/3)
70. chanté**e** (p 62/4)
71. fait (p 58/3/Achtung)
72. vu *(bei avoir, ohne vorangestelltes Pronomen im 4.Fall, keine Übereinstimmung,* ☺ **I** p 86), vu**e**, invité**e** (p 57/1)
73. eu *(bei avoir, ohne vorangestelltes Pronomen im 4.Fall, keine Übereinstimmung,* ☺ **I** p 86), eu**s** (p 57/1)
74. mangé**e** (p 63/6)
75. téléphoné (p 60, *3.Fall*)
76. rentré**e** (p 61/1), entendu**e** (p 57/1)
77. rendu *(bei avoir, ohne vorangestelltes Pronomen im 4.Fall, keine Übereinstimmung,* ☺ **I** p 86), rendu**es** (p 57/1)
78. donné**es** (p 62/4)
79. fait**e** (p 63/5)
80. acheté**s** (p 63/6)
81. reçu**e** (p 63/5)
82. accompagné *(bei avoir, ohne vorangestelltes Pronomen im 4.Fall, keine Übereinstimmung,* ☺ **I** p 86), accompagné**es** (p 57/1)
83. fait**s** (p 62/4)
84. téléphoné (p 60, *3.Fall*)
85. pris**es** (p 57/1)
86. mis *(bei avoir, ohne vorangestelltes Pronomen im 4.Fall, keine Übereinstimmung,* ☺ **I** p 86), acheté**s** (p 63/5)
87. allé**e** (p 61/1)
88. rendu**s** (p 57/1)
89. mis**e** (p 62/4)
90. entendu**s** (p 58/3)
91. lavé**e** (p 57/1)
92. écrit**e** (p 63/5)
93. acheté *(bei avoir, ohne vorangestelltes Pronomen im 4.Fall, keine Übereinstimmung,* ☺ **I** p 86), acheté**s** (p 57/1)
94. montré (p 60, *3.Fall*)
95. montré**e** (p 57/1)
96. fait *(bei avoir, ohne vorangestelltes Pronomen im 4.Fall, keine Übereinstimmung,* ☺ **I** p 86), fait**es** (p 57/1)
97. acheté *(bei avoir, ohne vorangestelltes Pronomen im 4.Fall, keine Übereinstimmung,* ☺ **I** p 86), acheté**es** (p 57/1)
98. présenté (p 60, *3.Fall*)
99. pris**es** (p 63/6)
100. réservé**e** (p 63/5)
101. donné (p 60, *3.Fall*)
102. rencontré**e** (p 57/1)
103. cherché / cherché**e** / cherché**(e)s** (p 57/1)
104. dit (p 60, *3.Fall*)
105. lu**s** (p 62/4)

106. pris (p 63/6)
107. attendue (p 57/1)
108. payée (p 57/1)
109. allé(e)s (p 61/1)
110. rencontrés (p 57/1)
111. oubliée (p 63/5)
112. invitées (p 63/6)
113. pris (p 57/1)
114. écrits (p 63/5)
115. choisie (p 62/4)
116. rapportées (p 63/5)
117. bus (p 63/6)
118. souri, donné, fait (p 60, *3.Fall*), invitée (p 57/1), montré (p 60, *3.Fall*), aidée (p 57/1), accompagnée (p 57/1), embrassée (p 57/1)

pages 67, 68

1. se sont vus (p 61/ règle 2)
2. se sont parlé (p 62/ règle 3, *3.Fall*)
3. se sont déjà couchées (p 61/2)
4. s'est reposée (p 61/2)
5. se sont lavé les mains (p 61/2, Achtung 1)
6. se sont battus (p 61/2)
7. s'est ennuyée (p 61/2)
8. t'es bien amusée (p 61/2)
9. s'est baignée (p 61/2)
10. se sont lavé (p 61/2, Achtung 1)
11. s'est tue (p 61/2)
12. quelle idée il a eue (p 62/4)
13. se sont regardées (p 61/2)
14. se sont parlé (p 62/3, *3.Fall*)
15. se sont dit (p 62/3, *3.Fall*)
16. se sont souri (p 62/3, *3.Fall*)
17. a faits (p 63/7)
18. j'ai achetée (p 63/5)
19. les a vues (p 63/8)
20. les as déjà préparés (p 63/8)
21. m'a données (p 63/5)
22. t'a attendue (p 63/8)
23. s'est cassés (p 63/5)
24. s'est brossé (p 61/2, Achtung 1)
25. se sont plu (p 62/3, *3.Fall*)
26. ne s'est pas lavée (p 61/2)
27. s'est lavé (p 61/2, Achtung 1)
28. se sont jeté (p 61/2, Achtung 1)
29. j'ai faite (p 63/5)
30. se sont parlé (p 62/3, *3.Fall*)
31. se les est lavées (p 62, Achtung 2)
32. s'est coupée (p 61/2)
33. se sont dit (p 62/3, *3.Fall*)
34. se sont rencontrés (p 61/2)
35. s'est coupé (p 61/2, Achtung 1)
36. t'es déjà baignée (p 61/2)
37. bien amusé(e)s (p 61/2)
38. se sont acheté (p 61/2, Achtung 1)
39. s'est couchée (p 61/2)
40. vous vous êtes levés (p 61/2)
41. se sont bien entendues (p 61/2)
42. est arrivée (p 63/9)
43. sont arrivés (p 63/9)
44. s'est ennuyée (p 61/2)
45. t'es déjà lavé (p 61/2, Achtung 1)
46. se sont acheté (p 61/2, Achtung 1)
47. s'est couchée (p 61/2)
48. sont restées (p 61/1)
49. se sont acheté (p 61/2, Achtung 1)
50. qu'il m'a écrite (p 63/5)
51. as-tu lus (p 63/6)
52. tu as déjà visités (p 62/4)
53. se sont construite (p 63/5)
54. se sont achetés (p 63/5)
55. s'est lavé (p 61/2, Achtung 1)
56. Tu les as déjà faits (p 63/8)
57. sont venus (p 61/1)
58. s'en sont allées (p 61/2)
59. les ai vu(e)s (p 63/8)
60. nous a fait (p 58/3/Achtung)
61. Elles se sont ri (p 62/3, *3.Fall*)
62. s'est cassé (p 61/2, Achtung 1)
63. se sont mariés (p 61/2)
64. s'est promenée (p 61/2)
65. se sont menti (p 62/3, *3.Fall*)
66. que tu as apportées (p 63/5)
67. composées (p 63/7)
68. l'a envoyée (p 58/3, p 63/8)
69. Je l'ai vue (p 58/3, p 63/8)
70. Ils se sont ressemblé (p 62/3, *3.Fall*)
71. qu'il vous a donnés (p 63/5)
72. se sont parlé (p 62/3, *3.Fall*)
73. as achetés (p 63/6)
74. a tournés (p 63/7)
75. arrivés (p 63/9)
76. est venu (p 63/9)
77. sont venues (p 63/9)
78. se sont menti (p 62/3, *3.Fall*)
79. Elles se sont souri (p 62/3, *3.Fall*)
80. s'est arrangé (p 61/2, Achtung 1)
81. a punis (p 63/8)
82. t'a pas invitée (p 63/8)
83. t'a données (p 62/4)

page 73

1. les gens pauvres (p 70)
2. un brave garçon (p 69) / un garçon sérieux (p 71)
3. un grand homme (p 70)
4. le même arrondissement (p 70)
5. propres chambres (p 70)
6. livres tristes (p 71)

7. pauvre Pierre (p 70)
8. propres oreilles (p 70)
9. homme grand (p 70)
10. le soir même (p 70)
11. grand nez (p 70)
12. grand peintre (p 70)
13. les chambres propres (p 70)
14. un chien méchant (p 69)
15. de(s) grands amis (p 70)
16. un appartement cher (p 69)
17. grands pieds (p 70)
18. une chemise propre (p 70)
19. un vrai Hundertwasser (p 72)
20. un regard curieux (p 69)
21. une grande / énorme somme (p 70)
22. famille noble (p 70)
23. une curieuse habitude (p 69)
24. son propre intérêt (p 70)
25. un pantalon propre (p 70)
26. un sale homme (p 71)
27. la viande maigre (p 69)
28. la musique triste (p 71)
29. une méchante situation (p 69)
30. une question simple / facile (p 71)
31. une chaise ancienne (p 69)
32. ancien directeur (p 69)
33. un bouquet de fleurs cher (p 69)
34. des gâteaux différents (p 69)
35. une vraie blonde (p 72)
36. de(s) sérieuses raisons (p 71) / des raisons importantes
37. un seul touriste (p 71)

page 77

1. aussi (règle A3)
2. si / aussi (règle A3)
3. autant / tant (A2)
4. autant (A1)
5. davantage (A2/Merke 3)
6. si / aussi (A3)
7. comme (A2)
8. autant (A2)
9. comme (A3/Achtung)
10. autant / tant (A1)
11. aussi (A3)
12. aussi (A3)
13. autant (A1)
14. autant (A2)
15. aussi (A3), autant (A2)
16. aussi (A3)
17. si / aussi (A3)
18. comme (A2)
19. aussi (A3)
20. autant (A2)
21. autant (A1)
22. aussi (A3)
23. comme (A3/Achtung)
24. autant (A1)
25. aussi (A3)
26. si / aussi (A3)
27. comme (A2)
28. autant (A1)
29. si / aussi (A3)
30. comme (A2)
31. autant / tant (A1)
32. si / aussi (A3)
33. tant / autant (A1/Merke 2)
34. comme (A2)
35. autant / tant (A2)
36. comme (A3/Achtung)
37. aussi (A3)
38. autant (A2/Merke1)
39. davantage (A2/Merke 3) / aussi (= *ebenfalls*)

pages 78, 79

1. la plus grande (règle B2)
2. la plus belle (B2/Merke)
3. plus âgée que (A3)
4. la plus énervante (B2)
5. la plus âgée (B2)
6. moins **d'**argent que (A1)
7. plus mauvais qu' (C/Merke 1)
8. comme (A2)
9. le plus cher (B2)
10. meilleures que (C)
11. aussi polie que (A3)
12. moins chers que (A3)
13. plus frais que (A3)
14. plus grosse que (A3)
15. les plus belles (B2)
16. plus jeune que / moins âgée que (A3)
17. moins **de** (A1)
18. pire que (C)
19. la plus fidèle (B2)
20. la plus petite (B2)
21. pire (C/Merke 3)
22. le plus (B1)
23. moins chère que (A3)
24. le plus grand (B2/Merke)
25. plus sportive que (A3)
26. le moins (B1)
27. aussi gentille / aussi aimable qu' (A3)
28. plus haute que (A3)
29. le plus intéressant et **le** plus vivant (B2/Achtung)
30. la moindre (C)
31. les plus modernes (B2)
32. le plus gros (B2)
33. autant que (A2)
34. autant que / tant que (A2/Merke 2)
35. plus que (A2), davantage (A2/Merke 3)
36. le mieux (C/Merke 3)
37. le meilleur (C)
38. meilleur (C)
39. les plus longs (B2)
40. la plus affreuse (B2)
41. la plus grande et **la** plus belle (B2/Achtung)
42. le meilleur (C)
43. plus **de** ... qu' (A1)
44. autant que (A2)
45. pis (C/Merke3)
46. les plus modernes (B2)
47. autant de ... que (A1)
48. la même ... que (A1)
49. le plus facile (B2)
50. autant d' ... que (A1)
51. beaucoup moins de ... que (A1)
52. beaucoup plus que (A2)

53. pire (C)
54. meilleur / mieux (C)
55. autant que / tant que (A2)
56. comme (A2)
57. si / aussi grosse que (A3)
58. meilleur ... qu' (C)
    (Es / Das Wetter ist heute schöner als gestern.)
59. pis (C/Merke 3)
60. moins d' ... que (A1)
61. moins aimable que (A3)
62. le plus (B1)
63. le plus intéressant (B2)
64. les moindres (C/Merke 3)
65. la plus chère (B2)
66. un peu moins sévère que (A3)
67. meilleure (C)
68. pire (C)
69. pis (C/Merke 3), beaucoup plus âgée que / bien plus âgée que (A3)
70. mieux (C/Merke 3)
71. un peu plus cher que (A3)
72. plus **de** vin que **de** bière (A1)
73. beaucoup plus **de** livres que (A1)
74. beaucoup plus confortable que / bien plus confortable que (A3)

pages 83, 84

1. véritablement / réellement / vraiment (**Adverbien** *véritablement / réellement / vraiment* bestimmen **Verb** *aimer* näher)
2. faux (p 80/Achtung 1)
3. vite / rapidement (**Adverbien** *vite / rapidement* bestimmen **Verb** *rouler* näher; p 82/2/Ausnahmen)
4. délicieux / formidable / superbe (beim **Hilfsverb** *être* steht das **Adjektiv**)
5. bien (p 81/Achtung 2)
6. bon**ne** (p 80/Achtung 1; bei ***trouver*** wird **übereingestimmt**!)
7. dur (p 81/Achtung 1)
8. agressivement (p 82/règle 1) (**Adverb** *agressivement* bestimmt **Verb** *s'approcher* näher)
9. prude**mm**ent (p 82/règle 2/Ausnahmen) (**Adverb** *prudemment* bestimmt **Verb** *ouvrir* näher)
10. Malheureusement (p 81/règle 1), très / parfaitement / complètement / totalement (p 81/règle 1) (**Adverb** *énormément* bestimmt **Adjektiv** *obscure* näher)
11. complètement (p 82/règle 1) (**Adverb** *complètement* bestimmt **Adjektiv** *folle* näher)
12. rarement (p 81/règle 1) (**Adverb** *rarement* bestimmt **Verb** *penser* näher)
13. Évide**mm**ent (p 82/règle 2/Ausnahmen)
14. patiente (beim **Hilfsverb** *être* steht das **Adjektiv**)
15. impat**ie**mment (p 82/règle 2/Ausnahmen) (**Adverb** *impatiemment* bestimmt **Verb** *attendre* näher)
16. attentivement (p 82/ règle 1) (**Adverb** *attentivement* bestimmt **Verb** *écouter* näher)
17. silencieusement (p 81/règle 1) (**Adverb** *silencieusement* bestimmt **Verb** *lire* näher)
18. bien (p 82/règle 2/Ausnahmen) (**Adverb** *bien* bestimmt **Adjektiv** *habillé* näher)
19. furieusement (p 81/règle 1) (**Adverb** *furieusement* bestimmt **Verb** *s'en aller* näher)
20. froidement (p 81/règle 1) (**Adverb** *froidement* bestimmt **Verb** *répondre* näher)
21. mal (p 82/règle 2/Ausnahmen) (**Adverb** *mal* bestimmt **Adjektiv** *péparé* näher)
22. facilement (p 81/règle 1) (**Adverb** *facilement* bestimmt **Verb** *faire* näher)
23. lentement (p 81/règle 1) (**Adverb** *lentement* bestimmt **Verb** *rouler* näher)
24. longuement (p 81/règle 1) (**Adverb** *longuement* bestimmt **Verb** *attendre* näher)
25. dur (p 81/Achtung 1)
26. pratiquement (p 81/règle 1) (**Adverb** *pratiquement* bestimmt **Adjektiv** *impossible* näher)
27. bien (p 81/Achtung 2)
28. absol**u**ment (p 82/règle 2/Ausnahmen) (**Adverb** *absolument* bestimmt **Verb** *vouloir* näher)
29. bien (p 81/Achtung 2)
30. activement (p 82/règle 1) (**Adverb** *activement* bestimmt **Verb** *s'occuper* näher)
31. résol**u**ment (p 82/règle 2/Ausnahmen) (**Adverb** *résolument* bestimmt **Adjektiv** *contre* näher)
32. régulièrement (p 81/83/règle 1) (**Adverb** *régulièrement* bestimmt **Verb** *payer* näher)
33. bruya**mm**ent (p 82/règle 2/Ausnahmen) (**Adverb** *bruyamment* bestimmt **Verb** *protester* näher)
34. cher (p 80/Achtung 1)
35. fermement (p 81/ règle 1) (**Adverb** *fermement* bestimmt **Verb** *tenir* näher)
36. droit (p 80/Achtung 1)
37. ferme (p 80/Achtung 1)
38. mal (p 81/Achtung 2)
39. suffisa**mm**ent (p 82/règle 2/Ausnahmen) (**Adverb** *suffisamment* bestimmt **Verb** *affranchir* näher)
40. charmante (beim **Hilfsverb** *être* steht das **Adjektiv**)
41. lourd (p 80/Achtung 1)
42. bien, bien (p 81/Achtung 2)
43. juste (p 80/Achtung 1)
44. gent**i**ment (p 82/règle 2/Ausnahmen) / aimablement (**Adverbien** *gentiment / aimablement* bestimmen **Verb** *parler* näher)
45. gentil / gentille (beim **Hilfsverb** *être* steht das **Adjektiv**)

46. couramment (p 82/règle 2/Ausnahmen) (**Adverb** *couramment* bestimmt **Verb** *parler* näher)
47. mauvaise (p 80/Achtung 1; bei ***trouver*** wird **übereingestimmt**!)
48. vite / rapidement (p 82/règle 2/Ausnahmen) (**Adverbien** *vite / rapidement* bestimmen **Verb** *parler* näher)
49. doucement (p 81/règle 1) (**Adverb** *doucement* bestimmt **Verb** *chanter* näher)
50. rarement (p 81/règle 1) (**Adverb** *rarement* bestimmt **Verb** *écrire* näher)
51. vraiment (p 82/règle 2/Ausnahmen) (**Adverb** *vraiment* bestimmt **Adverb** *bien* näher), bien (p 82/règle 2/Ausnahmen) (**Adverb** *bien* bestimmt **Verb** *danser* näher)
52. cher (p 80/Achtung 1)
53. haut (p 80/Achtung 1)
54. bien (p 82/règle 2/Ausnahmen) (**Adverb** *bien* bestimmt **Verb** *dormir* näher)
55. bien (p 82/règle 2/Ausnahmen) (**Adverb** *bien* bestimmt **Verb** *connaître* näher)
56. précisément (p 82/règle 2/Ausnahmen) (**Adverb** *précisément* bestimmt **Verb** *répondre* näher)
57. constamment (p 82/règle 2/Ausnahmen) (**Adverb** *constamment* bestimmt **Adjektiv** *malade* näher)
58. brièvement (p 82/règle 2/Ausnahmen) (**Adverb** *brièvement* bestimmt **Verb** *répondre* näher)
59. juste, faux (p 80/Achtung 1)
60. court (p 80/Achtung 1)
61. bon (p 80/Achtung 1)
62. sérieusement (p 81/règle 1) (**Adverb** *sérieusement* bestimmt **Verb** *parler* näher)
63. beaucoup / gros (p 81/Achtung 1)
64. bien (p 81/Achtung 2)
65. net (p 81/Achtung 1)
66. bien (p 81/Achtung 2)
67. assez bien (p 81/Achtung 2)
68. clair (p 81/Achtung 1)
69. mal (p 81/Achtung 2)
70. certainement / sûrement (p 81/1)
71. exactement (p 81/règle 1) / précisément (p 82/règle 2/Ausnahmen) (**Adverbien** *exactement / précisément* bestimmen **Verb** *observer* näher)
72. tranquille (p 81/Achtung 1)
73. tranquillement (p 81/règle 1) (**Adverb** *tranquillement* bestimmt **Verb** *partir* näher)
74. Normalement (p 81/règle 1)
75. difficilement (p 81/ règle 1) (**Adverb** *difficilement* bestimmt **Verb** *comprendre* näher)
76. fréquemment (p 82/règle 2/Ausnahmen) (**Adverb** *fréquemment* bestimmt **Verb** *arriver* näher)
77. Heureusement (p 81/règle 1)
78. récemment (p 82/règle 2/Ausnahmen) (**Adverb** *récemment* bestimmt **Verb** *rencontrer* näher)
79. différemment (p 82/règle 2/Ausnahmen) (**Adverb** *différemment* bestimmt **Verb** *penser* näher)
80. grièvement (p 82/règle 2/Ausnahmen) (**Adverb** *grièvement* bestimmt **Adjektiv** *blessé* näher) (voir aissi ☺ **II** p 66)
81. poliment (p 82/règle 2/Ausnahmen) (**Adverb** *poliment* bestimmt **Verb** *répondre* näher)

pages 86, 87

1. **très / bien** (règle 1/Merke)
2. **très** (règle 1/Merke)
3. **Beaucoup** (règle 2/ de+Nomen)
4. **très** (règle 1/Adjektiv)
5. **très** (règle 1/Merke)
6. **beaucoup** (2/Verb)
7. **beaucoup** (2/Verb)
8. **très** (règle 1/Merke)
9. **très** (p 81/Achtung2)
10. **beaucoup** (2/de+Nomen)
11. **très** (1/Adjektiv)
12. **beaucoup** (2/Verb)
13. **très** (1/Adjektiv)
14. **beaucoup** (2/Steigerung)
15. **très** (règle 1/Merke)
16. **beaucoup** (2/Verb)
17. **beaucoup** (2/Verb)
18. **très** (1/Adjektiv)
19. **beaucoup** (2/Verb)
20. **très** (1/Merke)
21. **très** (1/Merke)
22. **beaucoup** (2/Verb)
23. **beaucoup** (2/de+Nomen)
24. **très** (1/Nomen)
25. **très / bien** (1/Merke)
26. **beaucoup** (2/de+Nomen), **beaucoup** (2/Steigerung)
27. **très** (1/Adjektiv)
28. **Beaucoup** (2/steht alleine)
29. **très** (1/Adjektiv)
30. **beaucoup** (2/de+Nomen; voir aussi p 91)
31. **très** (p 81/Achtung2)
32. **beaucoup** (2/Steigerung), **beaucoup** (2/steht alleine)
33. **très** (1/Nomen)
34. **très** (1/Merke)
35. **très** (1/Adjektiv)
36. **très** (1/Adverb)
37. **beaucoup** (2/Verb)
38. **Beaucoup** (2/de+Nomen)
39. **beaucoup** (2/Verb)
40. **très** (1/Merke), **beaucoup** (2/Verb)
41. **beaucoup** (2/de+Nomen)
42. **beaucoup** (2/Verb)

43. **beaucoup** (2/Verb)
44. **beaucoup** (2/de+Nomen)
45. **très** (1/Adverb)
46. **beaucoup** (2/de+Nomen)
47. **beaucoup** (2/Steigerung)
48. **très** (1/Adjektiv)
49. **beaucoup** (2/Verb)
50. **beaucoup** (2/Verb)
51. **beaucoup** (2/Steigerung), **beaucoup** (2/Verb)
52. **très** (1/Adverb)
53. **beaucoup** (2/Verb)
54. **beaucoup** (2/Verb)
55. **beaucoup** (2/Steigerung)
56. **beaucoup** (2/Verb)
57. **beaucoup** (2/Verb)
58. **beaucoup** (2/de+Nomen)
59. **beaucoup** (2/Verb)
60. **beaucoup** (2/Verb)
61. **très** (1/Adjektiv)
62. **très** (1/Adjektiv)
63. **très** (p 80/Achtung/1)
64. **beaucoup** (2/Steigerung)
65. **très** (1/Adjektiv)
66. **beaucoup** (2/de+Nomen)
67. **très** (1/Adverb), **très** (1/Adverb)
68. **très** (1/Adjektiv)
69. **beaucoup** (2/Verb)
70. **très** (1/Adjektiv)
71. **très** (1/Adverb)
72. **très** (1/Adverb), **beaucoup** (2/de+Nomen)
73. **beaucoup** (2/Steigerung)
74. **beaucoup** (2/Steigerung)
75. **très** (1/Adverb: peu)
76. **très** (1/Adjektiv)
77. **très** (1/Adverb: tôt)
78. **très** (1/Merke)
79. **Beaucoup** (2/steht alleine)
80. **beaucoup** (2/Verb)
81. **très** (1/Adjektiv)
82. **très** (1/Adjektiv)
83. **très** (1/Adjektiv; p 80/Achtung1)

page 90

1. Réfléchis
2. rassis**e**
3. sentez, ment / a menti
4. perdez
5. rendu
6. reçu**e**
7. adouci
8. choisi
9. construit
10. tient / a tenu
11. Asseyez-vous
12. suivons / avons suivi / allons suivre
13. obtient / a obtenu / va obtenir
14. choisissons / avons choisi / allons choisir
15. contient
16. appartient / a appartenu
17. sens
18. réfléchir
19. suit / a suivi
20. recevons / avons reçu / allons recevoir
21. détruit
22. tiennent
23. vend / a vendu
24. reçoit / a reçu
25. sent
26. Tiens / Tenons / Tenez
27. se rassied / s'est rassis**e**
28. poursuivi
29. attend / a attendu / va attendre
30. adoucit / a adouci / va adoucir
31. s'asseyent / se sont assis
32. Suis / Suivons / Suivez
33. tient
34. reçoivent / ont reçu / vont recevoir
35. réfléchit / a réfléchi
36. perdu
37. Finis / Finissons / Finissez
38. perd / a perdu / va perdre

pages 93, 94

1. faisait
2. avais
3. connaissiez
4. fallait
5. faisions
6. allaient
7. étiez
8. pleuvait, restait
9. aviez
10. étions, tricotait, lisait, passait
11. avais
12. prenions
13. écoutait
14. vous appeliez
15. finissait
16. étaient
17. mang**e**ait, mangions
18. buvions
19. nag**e**ait
20. oubl**ii**ons
21. commen**ç**ait
22. oubliaient
23. r**ii**ons
24. courais
25. cro**yi**ons, était
26. devais
27. disions
28. écriviez
29. mettaient
30. m'ass**ey**ais, apportait
31. savait, voulait
32. pleuvait
33. étud**ii**ons
34. se plaignait
35. étiez
36. pa**yi**ez
37. invitions
38. pronon**ç**ais, pronon**c**iez
39. appelaient
40. voyag**e**aient
41. song**e**ais
42. savions
43. fallait
44. chang**e**ait

45. avaient, couraient
46. venions
47. commen**ç**ait, était
48. avait
49. pouvait, faisait
50. étaient
51. étaient
52. était
53. connaissait
54. était, avait, portait
55. parlait
56. faisait
57. nous occupions
58. rempla**ç**ais
59. quittaient, commençaient
60. échouait
61. se moquait
62. exagérait
63. achetaient
64. mang**e**ait, buvait
65. criait, était
66. cro**yi**ons, racontait, disait
67. nous asse**yi**ons

ISBN 978-3-7074-1310-6

ISBN 978-3-7074-1311-3

ISBN 978-3-7074-1313-7

ISBN 978-3-7074-1314-4

Alles, was du in Englisch können musst.

ISBN 978-3-7074-1306-9

ISBN 978-3-7074-1307-6

ISBN 978-3-7074-1308-3

ISBN 978-3-7074-1309-0

SMILE ist bei LehrerInnen, SchülerInnen und Eltern die beliebteste Lern- und Übungsreihe für Englisch, denn:

- Jeder Band ist genau auf das entsprechende Lernjahr und den österreichischen Lehrplan abgestimmt.
- Jedes Kapitel enthält eine übersichtliche Zusammenstellung der Regeln sowie viele Übungsbeispiele zum jeweiligen Stoffgebiet.
- Vokabeln können im "Words"-Teil am Ende des Buches nachgeschlagen werden.
- Mit dem "Key", dem Lösungsteil, kann man leicht überprüfen, ob man fehlerfrei gearbeitet hat.
- Dieser "Key" bietet nicht nur die richtige Lösung, sondern auch Hinweise auf die entsprechenden Grammatikregeln. So kann man leicht feststellen, warum die Lösung so und nicht anders lauten muss.

www.ggverlag.at

G&G